湛庐文化
Cheers Publishing
知识让世界更简单！

DIARY OF A HEDGE FUND MANAGER

From the Top, to the Bottom, and Back Again

一个对冲基金经理的日记

[美] 基思·麦卡洛（Keith McCullough）
里奇·布莱克（Rich Blake） ◎著

施铁◎译

中国人民大学出版社
·北京·

DIARY of A HEDGE FUND MANAGER

引言 一个真实而开放的记录

我其实干得不错，总共赚到了8位数，在24个季度中，盈利季度高达21个。这是一个“真实而开放”的记录，投资是一个需要未雨绸缪进行创造性破坏的行业，我觉得有责任尽自己的绵薄之力告诉你，对冲基金是陷阱还是可持续的投资模式。是时候认清自己并重建失去的信誉了……

2007年11月2日，星期五，这是我在对冲基金业的最后一天。我进入华尔街已近9年，一开始在瑞士信贷第一波士顿银行任初级分析师，然后跳槽至买方，在行业先驱乔恩·道森麾下效力。接着，我和合伙人哈里·施韦费尔一起创立了自己的对冲基金，但后来这只基金被磁星基金合并了。我的最后一个职位是凯雷-蓝波合伙公司投资组合经理兼董事总经理。

在我效力于凯雷-蓝波期间（2007年2月至2007年11月），久负盛名的私募股权基金巨头凯雷集团正在向对冲基金业务进军。蓝波是凯雷新成立的对冲基金部门，由凯雷和德意志银行的两位前任高管合资组建。我是凯雷-蓝波的合伙人之一，也是投资委员会成员，主管多空股票交易。

中午时分，我溜出位于曼哈顿中城的办公室，到第五大道买了一双新鞋。其实脚上的鞋子并不旧，还能再穿半年，但我想我应该准备翻开人生的新篇章了——下周，我的儿子杰克就要出生了。

准备翻开新篇章的，还有我在凯雷-蓝波的老板们。

下午，我才得知我被炒鱿鱼了。我管理一只对冲基金的日子结束了。我收拾好自己的私人物品、书籍、资料和笔记本，将它们放在几个纸箱中，但把那双旧鞋落在了办公室。几个月后，我收到了这双落满灰尘的鞋子。我都快把这事儿给忘了。

我不由得笑了。

在我效力于凯雷-蓝波的短短几个月期间，私募股权和对冲基金业，以及整个金融市场开始显现问题。愈演愈烈的次贷危机开始占据财经媒体的头条。至少对我来说，市场巅峰早已到来，说不定都已经过去了。我在华尔街的最后一个交易月以盈利告终。我开立的空头仓位终于开始赚钱了，而它在2007年第三季度仍旧是亏损的。市场在8月跳水，但从8月末就开始反弹并一直持续到9月。我过早、过度地看空了，所以我被公司炒了鱿鱼。

其实我干得不错，总共赚到了8位数，在24个季度中，盈利季度达 21 个。但是，**在对冲基金业，只要你不是老板，就得每个季度都飘红才行。先人一步是犯错的同义词。**但看起来我关于全球市场以及资产管理业的最后一“鸣”是正确无比的。

当我的对冲基金生涯在 2007 年秋天走到尽头时，一个类似于虚拟对冲基金的新型宏观动态研究公司，却在我的金融博客上初见雏形。我博客的最早读者是朋友和金融业前同事，但我写博客的初衷是自娱自乐。多年来，我一直以日记形式记录着所有的投资决策，将观察结果和数据点等事无巨细地记录在硬皮笔记本中。离职之后，我有了大把时间，也不再有什么顾忌，便开始每日更新博客，写的通常都是做分析师和基金经理的经历回忆。

我还坚持发布对市场的看法，以此作为业绩记录。这样，当我儿子长大后，我就能让他看看，他的父亲当年被逐出对冲基金业绝非因为技不如人，给我个“最佳玩家”的头衔还差不多。

> 2007 年 10 月 9 日，标准普尔 500 指数创出了 1 565.15 点的收盘新高。[①] 10 月 11 日盘中又更进一步，摸高至 1 576.09 点，接着开始下跌——这一跌竟成了大熊市的开端。

我认为最坏的日子远未到来，便开始与任何愿意接受这一观

① 本书数据均来自 FactSet 研究公司。——作者注

点的人分享我的看法。我创建了一个叫做“MCM 宏观”（*MCM Macro*）的博客，作为揭开投资界画皮的大本营。我开始发布对市场的所有看法，并给出详细理由。今天，那些看法仍然可以在我的博客中找到。

我做短期和长期预测，从不羞于承认错误，总是开诚布公地说出我的全部考虑。我并不是一个出色的写手，但很享受写博客的过程，也倾注了很多心血，竭尽所能做到最好。我从未间断更新，总是以事实为出发点。写博客的唯一目的是记录投资过程和想法。如此“开放”的记录在对冲基金中是绝无仅有的，在大银行和投资机构的卖方报告中更是找不到的。在市场越来越艰难的时下，我仍在向我的前同事、家人和朋友毫无保留地公布我的投资组合管理过程，他们可以实时看到我的投资观点。**投资是一个需要未雨绸缪进行创造性破坏的行业，我觉得有责任尽自己的绵薄之力，尽管我现在只是一个虚拟的投资组合经理。**

2008 年 4 月 1 日，星期二。我公布了我的 MCM 宏观模型投资组合的三个月投资表现：+2.2%，而同期标准普尔 500 表现为-10%，纳斯达克表现为-14%。我开始了新事业，和几位合伙人开了一家公司——研究之刃（Research Edge）。公司位于康涅狄格州纽黑文市一座翻新的写字楼中，距耶鲁大学只有几步之遥，原来属于美国前总统威廉·塔夫脱（William Howard Taft）。

事实证明，我的投资新思维很有效。自研究之刃开张以来，我们已经拥有了 30 名全职员工，其中许多是前对冲基金分析师，有些正是来自凯雷-蓝波，而这时，华尔街正在大幅裁员。我们的买方客户也从寥寥无几增加到一百多家。

我为什么要写这本书？

又为什么要在这个时候写这本书？

自从离开华尔街、从事宏观动态研究以来，事实表明我们提供的宏观预测确实能够帮助投资者解决疑难。我不认为我的观点有多少天才之处，只要能够保持客观，你就不难发现正在到来的金融崩溃。

不幸的是，对冲基金为短期表现一掷千金，却不肯坚持长期原则。我们只不过是发现了这一黑暗现实。**华尔街最近的盈利方式和表外杠杆所形成的，是雄心勃勃的薪酬陷阱，而不是可持续的业务模式。**

当《交易员月刊》（*Trader Monthly*）总编辑里奇·布莱克和我一起开始构思这本书的时候，我们感到合作恰逢其时。华尔街已经跌得找不着北了。麦道夫骗局昭然天下。里奇和我一致认为，我们应该以深刻揭露对冲基金业鲜为人知的内幕为己任。于是，我们的叙事中包含了不少批评。

对冲基金业虽然已经经历了巨大的下跌，但我们认为颓势远未结束。

据 HedgeFund.net 的数据，对冲基金资产管理规模从 2008 年第二季度的 2.9 万亿美元下滑到 2009 年第二季度的 1.8 万亿。据对冲基金研究公司（Hedge Fund Research）的数据，对冲基金在 2008 年平均亏损了 18.3%。多家对冲基金遭遇了挤兑，在资金流出和投资损失的双重挤压下，资产规模下降了一半还多。

深入研究后我们可以看到，据对冲基金情报公司（Hedge Fund Intelligence，HFI）的数据，截至 2008 年 7 月 1 日，资产规模超过 10 亿美元的美国对冲基金有 268 家，它们总共控制了 1.68 万亿美元的资产。到 2009 年第二季度末缩减至 218 家，总资产规模降至 1.13 万亿美元。在 HedgeFund.net 的数据库中，2008 年 6 月资产管理规模超过 1 亿美元的单只基金数量为 1 748 家，到 2009 年 6 月只剩下 1 129 家。在市场崩溃之前，对冲基金的总数量一度超过 1 万家。事实上，如果考虑到神秘的离岸投资机构，个体基金或有限合伙制基金的数量还要增加。对冲基金研究公司称，2008 年有 1 471 家对冲基金遭遇清盘，其中 778 家发生在第四季度。这意味着 15% 的对冲基金关门大吉。2009 年上半年，又有 668 家倒闭。

尽管有些对冲基金的业绩似乎开始好转，新基金也在源源不断发行，我仍然觉得一两年内还将有 10%~15% 的对冲基金破产。如果对冲基金的倒闭潮流持续更久，也没有什么好奇怪的。

对于那些仍在对冲基金业，以及整个金融行业中奋斗的人来说，能否生存下来并茁壮成长取决于能否固守原则、小心行事。这些其实都是老生常谈，比如顾客至上之类的原则。**是时候照照镜子认清自己并重建失去的信誉了。工作伦理与合作，对我来说十分重要，我认为对其他人也是如此。信誉和信任正在超越“趋势”。**新的趋势正在形成，美国金融体系正在走向崭新局面。

正如 YouTube 和 Twitter 改变了政治的面貌，金融市场也无从抵挡透明化的浩荡洪流。从麦道夫骗局到美国国际集团（AIG）惨案，一再发生的金融灾难已经极大地破坏了金融业在人们心目中的形象。画皮已经揭去，公众正在充满狐疑地审视着金融业的内部构造。

美国投资公司协会（Investment Company Institute，ICI）的数据显示，9 200 万美国人持有共同基金投资。据美国雇员福利研究所（Employee Benefit Research Institute）的数据，6 200 万美国人参加了各种各样的退休金计划。据ICI和美国证券业与金融市场协会（Securities Industry and Financial Markets Association）的联合研究，大约47%，即5 450 万美国家庭持有某种形式的债券或股票。但华尔街告诉他们任何他们能够理解或相信的关于金融大崩盘的事了吗？

不管你从我的经验中读到什么，我相信你都能看到，对冲基金经理的起起伏伏其实与其他任何行业并没有显著区别。**我们在工作和生活等方方面面的内在动机完全一样：创造、合作、面对挑战、承担值得的风险，规避不必要的麻烦。**你可以说金钱乃万恶之源，也可以说不是，但我们都渴望得到认同。每天清晨，我们都希望看到每个人在做自己应该做的事。请跟随我，你将看到我对过去十年对冲基金业的匆匆一瞥……

DIARY of A HEDGE FUND MANAGER

| 目 录 | CONTACT

我来到了错综复杂的对冲基金世界，就像是爱丽丝误闯入了仙境。我总是在想，我的对冲基金从业轨迹就像阿甘的人生之路，不断地经历历史性转折，不断地遇见大名鼎鼎的人物。

投资组合经理们和分析师们喜欢与高管面对面交流，因为这样可以看清楚他们表情神态的细微变化，从中挖掘出最微妙的财务线索。对冲基金就是要不惜一切代价获得优势，我感觉我正在和所有的对冲基金打交道，我的老板正在给我越来越大的行事自由。

对冲基金可以在股市上掀起不小的波澜。它们聚集起了大笔资金，收取高昂的费用，雇用最好的员工。投资就是一场每日竞赛，几乎每天都有新基金成立。对冲基金既能做多也能做空，因此，CEO 经常要为自己的信口胡说付出代价。但我被误导了，被对冲基金综合征击中了。

有时候，有的基金经理可以为自己一年的劳动开 10 位数的薪酬。这种情况不仅仅发生在纽约。对冲基金在各大资金中心源源不断地冒出，经理越来越年轻，各路资金对他们越来越趋之若鹜。运营一个几十亿美元的对冲基金，然后往自己的口袋里装进几千万，正在成为新的华尔街梦。

DIARY of A HEDGE FUND MANAGER

第1章 金钱、地位与忠诚的对决

这是一个对冲基金的疯狂时代。面对凯雷的疯狂挖角，我必须做出抉择：一边是金钱、地位和高高在上的事业平台，另一边是与我并肩战斗了四年、合作无间的思想伙伴。这是金钱、地位与忠诚的对决。我选择了金钱和地位。

猎头的留言真是不知所云："招募有意在著名大型私募基金一展身手者，负责多策略对冲基金。"现在是2006年11月下旬，我早已进入了"著名大型私募基金"，目前在磁星公司上班。

磁星公司成立于2005年4月，创始人是39岁的数字专家亚历克·李托维茨（Alec Litowitz），原大本营投资集团（Citadel Investment Group）的股票部门主管，公认的并购套利高手。与李托维茨一起创业的是前格伦伍德公司（Glenwood Capital Investment）总裁罗斯·莱瑟（Ross Laser）。格伦伍德公司2000年被曼氏金融集团（Man Group

Plc）收购，莱瑟因此大发了一笔横财，而李托维茨当时正在为大本营集团创造滚滚财源。

磁星总部设在伊利诺伊州埃文斯顿（Evanston），就在芝加哥城外，西北大学附近。开业时，磁星所管理的资产便达到了17亿美元，在当时算得上是对冲基金有史以来初始规模的最高纪录之一。不出两年，磁星的资产规模便膨胀到近40亿美元，办事处扩张到了纽约和伦敦，而投资组合类型也早已不再局限于并购套利和股票了。

在磁星公司高歌猛进的同时，我与合伙人哈里·施韦费尔也成立了一家对冲基金管理公司——法尔肯亨奇合伙公司（Falconhenge Partners），并发布了同名旗舰基金。我们的业绩骄人，最终引起了莱瑟的注意，他建议我们的团队加入磁星。在2006年上半年，莱瑟并不是唯一看上我们的人。奥克－齐夫（Och-Ziff）资本管理公司的丹尼尔·奥克（Dan Och）也在游说我和哈里。决定接受哪家的橄榄枝真是幸福的烦恼。2006年5月，我们选择了磁星。

我在磁星纽约办事处上班不久，猎头就找上了门，但我无意离开，因此对这类电话都不理睬。

大多数对冲基金投资组合经理只要有那么点可取之处，就会一遍又一遍地受到猎头骚扰，大概每个月都要有一次。2006年下半年正是对冲基金最为狂热之时，我几乎隔周就要接到猎头的电话。

这一年11月下旬的一个下午，猎头又打来电话，我照例用语音信箱应付。不过，这回她提到了一家正打算进入对冲基金领域的公司的名字——凯雷集团。

待她说完之后，我给她回了电话。

论规模和影响力，很少有投资公司可以跟凯雷叫板。眼下，这家公司正在计划进军对冲基金业务。凯雷管理着近600亿美元的资产，分散在旗下50多家基金中（大部分是私募股权机构），以此掌握着全球数百家公司的巨额股份。在另类资产管理领域，凯雷的竞争对手黑石集团和城堡投资集团（Fortress Investment Group）均在准备上市，凯雷自然也少不了谋划相同的动作，这早已是众人皆知的秘密了。

总部设于华盛顿的凯雷集团正在曼哈顿中城组建新的对冲基金部门——凯雷-蓝波合伙公司。新公司将坐落于后“9·11”时代的新华尔街——美洲大道，占据着那里的顶级写字楼，北面就是中央公园。我得知，凯雷将对新业务全力以赴，募集目标是10亿美元。凯雷集团神通广大，与机构渠道、企业和政府养老基金、非营利机构以及大学捐赠基金均有着千丝万缕的联系，更不用说私人巨富了。对它来说，区区10亿美元应该算不上什么大手笔，如此安排是出于战略灵活性考虑。

我燃起了强烈的好奇心。在通过了猎头初试后不久，我与凯雷–蓝波的两位负责人见了面。他们原是德意志银行的高层，后被凯雷 CEO 大卫·鲁宾斯坦（David Rubenstein）招致麾下。里克·戈德史密斯（Rick Goldsmith）和拉尔夫·雷诺兹（Ralph Reynolds）与凯雷的合资公司于 8 月成立，随后筹备工作便全面铺开，他们计划搭建一个规模庞大、雄心勃勃的对冲基金初始团队，即使在这个引人瞩目的大规模新对冲基金层出不穷的时代，也无人能够望其项背。

雷诺兹原先是德意志银行全球自营交易的负责人，将出任凯雷–蓝波的首席投资官（CIO）；戈德史密斯原本负责德意志银行盈利颇丰的对冲基金部门，将成为凯雷–蓝波的 CEO。他俩正在合作进行资金募集和基金经理招聘。两人可谓黄金搭档——雷诺兹负责听、沉默寡言；戈德史密斯负责说，态度友善，词锋犀利。

在经历了两轮“里克和拉尔夫秀”之后，我即兴参观了蓝波的新办公楼。当时那里还空荡荡的，只有几个工人在装修。交易室将占据办公楼的整个 16 层，那里原先属于电子交易公司（Archipelago Holdings），但它一年前被纽约股票交易所兼并了。交易室面积巨大，设备新潮，绝对顶级，整个楼层用一尘不染的玻璃隔成四间，将分配给四个不同部门的交易团队，目前人手还在招募中。我早就得知凯雷-蓝波正在打造一支梦幻团队，现在更是对此深信不疑。几个月前，重量级对冲基金不凋花（Amaranth Advisors）倒闭，旗下优秀交易员遭到了哄抢，当然，位于阿尔伯塔的卡尔加里办事处不在此列。[①] 其中，包括多空策略老手约翰·贝利（John Bailey）在内的一批人将加盟凯雷-蓝波。

我环顾交易室，看着四周空荡荡的工位。戈德史密斯告诉我，交易室的正中心将留给我的团队——全球消费者多空策略小组。

就第二轮会面中，戈德史密斯还试探了我的“数字”，即我的补偿要求——要我抛弃前雇主需要给我什么好处？谢天谢地，这方面我早就不是菜鸟了。最后，“里克和拉尔夫”给我开了一个令人难以拒绝的价码。但是我还有别的要求。

> 我要求完全按照我的意思挑选我的投资团队。“当然可以”。此外，我需要随时随地参加在任何地方举行的产业会议——我得跟着我的研究走。“没问题”。作为一个球员，我经常要在曼哈顿和威彻斯特间往返，需要每周一次住在办公室附近的四星级酒店，哪家由我自己决定。“成交”。

晚上我与妻子劳拉说了这事儿。她也在华尔街工作，明白这

① 不凋花总部位于格林尼治。2006 年 9 月，一位交易员建立了规模巨大、杠杆率极高的天然气多头头寸。随着天然气价格急促下挫，该头寸的损失迅速扩大，达到了 60 亿美元，将不凋花拖垮。建立该头寸的是 32 岁的布莱恩·亨特（Brian Hunter），他是不凋花卡尔加里办事处的交易员。——作者注

是千载难逢的良机。华尔街没有比这更优厚的对冲基金职位了。**作为凯雷–蓝波的资产组合经理，我的研究团队、我与老板的联系渠道、我的影响力都是无与伦比的。我可以在华尔街大显身手了。**

“这不就是你梦寐以求的吗？”劳拉说。

是的。但做出抉择意味着我必须二选一：一边是金钱、地位和高高在上的事业平台；另一边是与我并肩战斗了四年、合作无间的思想伙伴。这是金钱、地位与忠诚的对决。

我选择了金钱和地位。

到了12月，凯雷–蓝波的事情基本上敲定了，我的银行账户就要出现我想都不曾想过的数字，而假期也快到了。我和妻子劳拉坐上了飞往安大略桑德湾的航班。与家人和朋友一起在桑德湾度过白雪皑皑的圣诞节早已成了我每年的惯例，无论生活怎样变化，这一点都不会改变。当然了，现在想回一趟家，得越过千山万水。

在不到一年的时间里，我实现了从操作几千万美元的新对冲基金到管理数亿美元的飞跃。接着，在31岁时，我又加入了一个正在打造10亿美元起点的团队，而我服务的集团管理着超过500亿美元的资产。在对冲基金的井喷年代，我的业内排名像火箭一样迅速蹿升，因为我所服务的基金级别、所管理的资产规模，以及所在团队的酬金总额都在水涨船高。**不管我当时有没有意识到**

（从某些方面来说我觉得我意识到了），对冲基金业已经快接近泡沫顶峰了。每当和家人一起围坐在圣诞树周围的时候，华尔街就（至少是暂时地）从我的世界中消失了。在我的家人中，只有父亲和弟弟瑞安一遍又一遍地问我究竟在通过什么讨生活，其他人对我在纽约做什么毫不知情。

桑德湾人并非讨厌对冲基金经理，他们只是对此毫不关心而已。这倒使我松了口气，因此我总是会回到那儿去。

DIARY of A HEDGE FUND MANAGER

第2章 宁做大池塘里的小鱼

少年时代的我不知疲倦地追逐冰球。我至今仍记得第一次踏上赛场的感觉，仿佛听见父亲在身后对我说，“宁做大池塘里的小鱼”。冰球是一项激烈的运动。如果你总是得分，对手就会盯上你，寸步不离地紧跟着你。我学会了挨打，对于我数年后的华尔街生涯来说，这一切都是无价之宝。

桑德湾由威廉堡（Fort William）和阿瑟港（Port Arthur）合并而成，位于安大略省西北，苏必利尔湖顶部，北美大陆正中央。这里距美加边境大约一小时车程，与明尼苏达州德鲁斯市相去不远。桑德湾是人类已知的最古老的贸易港（古印第安人1 000多年前便在这里交易毛皮），长期以来都是加拿大西部经过五大湖进入圣劳伦斯航道（St. Lawrence Seaway）的枢纽，满载木材和小麦的货船在这里川流不息。苏必利尔湖口直到今天还矗立着黑色和灰色的谷物升降塔。这里有着发达的林业，交通设备制造商庞巴迪公司（Bombardier）也在这里设有工厂。

不过对于加拿大人来说，桑德湾最出名的可不是木材和地铁列车，而是层出不穷的冰球巨星。

桑德湾的孩子们是穿着冰刀学走路的。我3岁开始滑冰，5岁便参加了第一场本地联赛。从那时开始，重现韦恩·格雷茨基（Wayne Gretzky）① 的传奇便是我的奋斗目标。格雷茨基先是在世界冰球协会（WHA）打球，WHA关闭之后转投北美职业冰球联赛（NHL）的埃德蒙顿油工队。我们所有的孩子都崇拜冰球大帝，都爱看加拿大广播公司“冰球之夜”节目中的多伦多枫叶队，都梦想着有朝一日能够踏上NHL的赛场。

对于我们当中的一些人来说，成为职业选手并非遥不可及的白日梦。几十年来，我的家乡一直是NHL稳定的人才库。NHL现役选手中就有9人来自桑德湾，当中最著名的要数斯塔尔三兄弟——埃里克、乔丹和马克，他们家的草场距离我家不过20分钟路程。

桑德湾还是带有传奇色彩的比尔·戈德索普（Bill “Goldie” Goldthorpe）生活和打球的地方，他就是电影《火爆群龙》（*Slapshot*）中厄齐·奥格索普（Ogie Oglethorpe）的原型。1986年罗伯·洛（Rob Rowe）主演的电影《血性小

① 韦恩·格雷茨基是加拿大著名冰球运动员，人称冰球大帝（The Great One）。他1961年出生于安大略省，1977年成为职业选手，1978年成为NHL最年轻的MVP，1980年起代表加拿大参加国际比赛。1999年退役时保持着61项NHL纪录，职业生涯总得分数达2 857分。——译者注

子》（*Youngblood*）中也有个桑德湾的角色——一位叫做“拉奇”的传奇打手球员[①]。拉奇在NHL的桑德湾轰炸机队效力，而比尔只是个半职业球员。

《血性小子》上映那会儿，我是桑德湾同龄人中的佼佼者，冉冉升起的希望之星。我球风彪悍，身手矫健，总是排在球队和联赛得分榜首位。我的父亲约翰是个消防员，也打过桑德湾冰球比赛，他与当小学校长的母亲维维安总是向我灌输，只要我努力练习，在冰球上下够工夫，总有一天可以进入NHL。为多伦多枫叶队效力是我的梦想。

我冬天天不亮就起床，赶在上学之前练习一会儿冰球。地下室和后院就是我的球房，车库墙壁和小弟弟经常成为我的靶子。我整日流连在室外冰场上，与邻家大男孩比赛——没有裁判，也没有父母监督，只有“回家吃饭”的喊声可以让我们停下来。在我的家乡，人人都是冰球好手。我觉得，只有比其他人付出多得多的汗水，我才能脱颖而出。冬天的清晨天寒地冻，我总是5点便坐上父亲的敞篷小卡车，缩在前座瑟瑟发抖。**年少的我还无法完全理解“时刻准备着”有什么价值。但现在我早已领悟到，这一品质弥足珍贵，不管在体育上还是在商业上都是如此。**

我高一时便已在桑德湾全明星队——国王队效力了。

① “打手”（goon）是冰球队负责与对手打架（NHL规则允许球员在场上一对一打架）的球员。——译者注

在我成长的年代，有三支队伍对于桑德湾冰球培养体系来说是至关重要的，其中包括两支国王队的AAA梯队——13岁年龄段的小矮人队和15岁年龄段的矮脚鸡队，以及青年冰球赛的劲旅桑德湾飞行者队。在加拿大，青年冰球赛是非常重要的赛事，包括多个联盟，每年都有数千名17~20岁的年轻新星参加角逐。表现出众者有机会进入安大略冰球联赛这样的加拿大冰球联赛[①]，走上通往NHL的捷径。NCAA一级院校[②]的重要球探也常在加拿大青年联赛里发掘可造之材。

我渴望为桑德湾飞行者队效力，但我还不到17岁。我14岁便在国王队的15岁年龄组中效力，帮助球队杀入省级锦标赛加拿大轮胎杯，但最后输给了多伦多红翼队。现在，虽然我只有16岁，但仍希望能获得进入桑德湾飞行者队的机会。可是教练戴夫·西西利亚诺斩钉截铁地告诉我，我的水平还不够。父亲时常告诫我“宁做大池塘里的小鱼”，总是鼓励我与年龄更大的孩子竞争。我没有再等一年，继续跟着国王队的适龄组比赛，而是在父亲的说服下前往更大的池塘接受挑战。

1991年，当时由里克·雷多萨执教的加拿大青年冰球联赛（CJHL）球队布罗克维尔勇敢者队邀请我参加他们的训练营。我

① 安大略冰球联赛是加拿大冰球联赛的一部分。——作者注

② NCAA即全国大学生体育协会（National Collegiate Athletic Association）。——译者注

通过了考核，进入了球队。我终于成了青年冰球赛选手，这在我这个年龄是很少见的。我从没听说过桑德湾有哪个孩子不到16岁便离开家乡去参加青年甲级联赛。一旦你跳出了桑德湾的培训体系，你就很难再回头了。我收拾了几件衣物，连同我的吹风机和录音机一起，装进了父亲给我买回来的带有金色钳扣的行李箱里，就这样搭上了前往布罗克维尔的船，向这个距离桑德湾15小时车程的安大略西南部城市进发。

适应远离家乡的生活着实耗费了我一段时间。我非常想念我的母亲和小妹妹谢里尔，但对弟弟的思念之情就要弱得多了，也许是因为我们从小就住在同一个房间的缘故。不过很快我对他的思念也与日俱增。我寄宿在当地一户人家中，主人罗兹·维尔布鲁格（Roz Verbrughe）和埃里克·维尔布鲁格（Eric Verbrughe）都是大好人，拼命地想让我多吃。在桑德湾冰球体系的训练下，14岁的我身高1.7米，体重70公斤。教练认为我的身体还会继续发育，但事实并非如此。在我来到CJHL的时候，我想人们认为我是个小矮子，但是我不知疲倦地追逐冰球，要为自己正名。队友们称我为“石工”（Mucker）①，这再自然不过了。我还记得第一次踏上赛场的感觉，仿佛听见父亲在背后对我说，“宁做大池塘里的小鱼”。当我滑出第一步的时候我意识到，从现在起，我在家乡取得的冰球成绩应该完全被抛诸脑后了。

冰球是一项激烈的运动。**如果你总是破门得分，对手就会盯**

① “Mucker”一词原指旧时矿工中薪水最少、地位最低的工种，负责筛选岩石、泥浆和废料，将矿石装入篮子里，并送上传送带。——作者注

上你，寸步不离地紧跟着你。我学会了挨打，这对于我数年后的华尔街生涯来说是无价之宝。

在冰球生涯中，我被冰刀划破过喉咙，被大力施射击中过脑袋，还掉过牙齿，伤过手腕、手掌和好几根手指。还有其他乱七八糟的打击，我统统领教过。

在我的布罗克维尔首个赛季中，我们队曾在魁北克省边境上和霍克斯伯里老鹰队对垒，我向对方球门猛扑过去，巨大的冲力使我的冰刀在冰面上扬起一片冰渣，给对方守门员穿上了一件“雪衣”。这是个菜鸟动作，没能逃过老鹰队身高 1.9 米的高大后卫丹·麦吉利斯（Dan McGillis）的眼睛。他来了个横挡。我本能地转过身去，用手套向他挥击。麦吉利斯一把就把我的面罩从头盔上扒了下来，塑料片和螺丝落了一地。接着，我就成了他的拳击小吊袋。当时的情形就像是一位魁北克 DJ 在霍克斯伯里体育馆为全场观众打迪斯科碟。麦吉利斯后来在 NHL 效力。

在勇敢者队的第二个赛季（1992—1993 赛季）中，我的膝盖因碰撞而严重受伤。当时我只有 17 岁，是前三分之一赛季中表现最好的球员之一。但那又能怎么样呢？由于有伤，我的滑行带着明显的摇晃。我渐渐落后了。1992 年，弗雷德·帕克（Fred Parker）取代了雷多萨，成为勇敢者队的新教练。

12月的一天，天气阴沉。训练结束后，帕克通知我去一趟总经理办公室。办公室位于观众席上方，快接近布罗克维尔体育馆的狭长通道了。帕克这个人没有什么眼光，他一点都不喜欢我，我不是他的人，也从不奉承他。我穿过昏暗寂静的球场，蹒跚着进入狭窄的办公室，那个满是冰球照片和纪念品的地方。帕克端坐在办公室里，和总经理啜着咖啡之类的东西。总经理名叫马克·麦克莱恩（Mac MacLean），胡子斑白，红脸白发，是一位老计时员。“我们准备交易你。”麦克莱恩冰冷的语气就像屠夫在卖肉。

我既惊又怒。交易我？交易到哪儿去？

我记得很清楚，我让他们离我远点儿，除此之外大概还爆了粗口。我离开了冰球场，感到又失落又孤单。天气冷极了，过不了几天就到圣诞节了。我害上了严重的乡愁。毫无疑问，我正处在有生以来最为艰难的时刻。

> 我在维尔布鲁格家的厨房给我母亲打了个电话。
>
> “我要回来，”我说，“我再也不打冰球了。”
>
> “你说这个赛季？”母亲问道。
>
> “不，”我说，“永远。”

第二天我就坐飞机回到了家。回到桑德湾真是令人高兴。我又吃上了母亲做的食物。我去看了老朋友，但是立刻就发现有些人对我的失败幸灾乐祸。或者说，他们很高兴看到我没能获得成功。

圣诞假期之后，我的膝伤痊愈了。我又穿上了冰鞋。这一次，我独自一人静静思考了很长时间，非常后悔自己做出了放弃冰球的决定。只要一站上室外的冰场，我的脑子里就满是冰球的影子。我开始和朋友一起去观看桑德湾飞行者队的比赛，像个球探一样坐在看台上，观察和我一起长大的球员，对他们的优点和缺点指指点点。在内心深处，我明白我还有实力和他们并肩作战。我从来没有输给过他们。12 月下旬，飞行者队给了我试训的机会，我的表现也不错。但现实是残酷的。没有人愿意让我回到队中，球员们认为我会威胁到他们自己的出场时间，而教练则对我曾经跳出桑德湾系统耿耿于怀，所以，最后我还是被教练告知，我不是桑德湾飞行者队的料。

天无绝人之路。就在此时，马克·麦克莱恩完成了另一桩交易，把我送到了彭布罗克木王队。彭布罗克也在安大略，位于桑德湾东南方，去那儿要坐 17 小时的船。接到这一消息时我高兴得跳了起来，我向父亲，也向自己发誓绝不会再错过这个机会了。

在木王队的前几场比赛中，我的身手仍然要比从前慢半拍。但我学会了怎样兢兢业业地帮助球队获得胜利。木王队与勇敢者队同处一个级别，每年要交手六次。我记得我们屡战屡胜。每次攻破勇敢者队的大门，我都会滑向他们的教练席，冲着帕克狂吼，羞辱他布置的烂战术。冰球界管这叫“鸟叫”。我就喜欢鸟叫。

在木王队效力期间，我表现出色。在这里，我重新找回了作为球员的自我，作为强者的自我。1994年，我被任命为队长，这是我一生中最骄傲的时刻之一。上帝保佑，我获得了第二次冰球生命。**在木王队的经历让我懂得，“走自己的路”是多么重要。**在这里，我收获了信心，并凭此敲开了耶鲁大学的大门。

成为大学生的第一天，我徜徉在康涅狄格州纽黑文的耶鲁校园，一边打量四周，一边自忖：这里是世界顶尖学生的聚集地，我来这里可以做些什么呢？迎面而来的路人一准儿也在一边打量我，一边暗自称奇：这家伙穿这么短的牛仔短裤想要干嘛？

我的宿舍在老校区范德比尔特楼（Vanderbilt Hall）三楼。耶鲁的学生都喜欢住校，即使是来自上流社会的学生也是如此。很快，我便在隔壁四人间交到两位好朋友。一位是里德·勒纳（Reid Lerner），容易相处的网球选手，来自北卡罗来纳；另一位是迈克尔·布卢姆（Michael Blum），德国纺织业高管的儿子，从小在香港、蒙特利尔和科隆长大。

我顺利加入了耶鲁冰球队，整日在教室、冰球场、健身房和导师办公室之间来回奔波，忙得不可开交。我主修经济学，纯粹是因为这个专业听起来似乎能跟做生意搭上点儿边。我准备在这里学点儿东西，以便以后当小老板时用得着。暑假回家没有冰球可打的时候，我经营一家叫做“校园黄鼠”的只有 6 个人的园林服务公司。

成为职业球员的梦想促使我多打了一年青年联赛，以弥补我在布罗克维尔失去的那个赛季。大一时，我被助理教练马洛托罗（C. J. Marottolo）召入耶鲁冰球队。当时我只有 20 岁，但已经独自生活了 4 年。

我还记得入学不到几个礼拜我便宣誓加入了一个兄弟会。但在第二次宣誓仪式中途，我意识到兄弟会并不适合我：我不适应团队思考，也不可能向任何人卑躬屈膝。此外，兄弟会的氛围令我窒息。

冰球主宰着我的生活，一进入更衣室我便感到浑身自在。我们的教练蒂姆·泰勒（Tim Taylor）是最伟大的大学冰球教练，但当时似乎正处于职业生涯的反省期。他刚刚结束了一段令人沮丧的执教经历，他带领的美国奥运冰球队在 1994 年利勒哈默尔冬奥会上铩羽而归。当时，他的执教目标似乎降为“保持竞争力”。我想，当时耶鲁校内对于冰球队（参加了一个世纪以前的第一届大学冰球比赛的老牌劲旅）的总体态度是：斗牛犬队永远成不了 NCAA 的精英球队，但至少应该保持战斗力。

在前两个赛季中，斗牛犬队在倒数第一和第二间徘徊。但环顾更衣室，我发现我们拥有出色的新人门将“小西”亚历克斯·威斯特伦德（Alex “Westy” Westlund）。他是个特立独行的队员，决不能容忍长期落于人后。1995—1996赛季是我的NCAA首个赛季，这一年斗牛犬队输掉了23场比赛，创造了耶鲁校史上的最差纪录。泰勒教练在输掉比赛后总是说：“嘿，小伙子们，你们能在这里与对方那些家伙比赛，你们应该为此自豪。”每次他这么说的时候，我都会从小西眼中看到和我一样的复杂表情，仿佛在说我才不想只是参与呢。我要赢球。

在我的第二个赛季中（1996—1997赛季），我们的成绩稍有起色：10胜19负3平。我的得分和罚时都是队中第一。在接下来的那个赛季中，也就是我大三时，我们终于不再“只是参与”了。我们打出了耶鲁冰球队历史上最成功的赛季，完成了从灰姑娘到公主的蜕变。

23胜9负3平，这是斗牛犬队获胜场次最多的赛季，也是耶鲁大学首次在常规赛获得东部大学体育联盟（ECAC）[①]冠军。我们的队长雷·吉鲁（Ray Giroux）当选ECAC年度最佳球员，而小西获得了象征最佳门将的德莱顿（Dryden）杯。

① 东部大学体育联盟（Eastern Collegiate Athletic Conference）是NCAA的组成部分，由21个项目的317家成员机构组成，参与院校涵盖了NCAA的三个级别。——译者注

我们成了纽黑文的明星——在校学生和与耶鲁相关人士无不为冰球队的新晋荣光感到欣喜若狂，校友和冰球队的前辈们自然更不用说了。

一位前辈一高兴就给了我一个工作机会，让我在1998年，也就是大四之前的那个暑假去他的证券交易公司实习。他的名字叫大卫·威廉姆斯（David Williams），但大家都叫他的绰号："老虎"。感谢老虎，使我有了在华尔街的第一份工作。

DIARY of A HEDGE FUND MANAGER

第3章 欢迎来到对冲基金的丛林

我来到了错综复杂的对冲基金世界，就像是爱丽丝误闯入了仙境。我总是在想，我的对冲基金从业轨迹就像阿甘的人生之路，不断地经历历史性转折，不断地遇见大名鼎鼎的人物。

我开始了在威廉姆斯交易公司的暑期实习。第一天上班，我7点就赶到了公司，原以为自己到得很早，结果发现迟到了半小时。我穿上了自己最好的衣服——一件真丝衬衫，还打了一条带秃鹰图案的褐红色领带。这一身行头都是母亲送我的礼物。当我走进位于洛克菲勒中心[①]的办公室时，“剃刀”雷·莱托诺（Ray “Razor” Letourneau），威廉姆斯交易公司的交易员，曾在JP摩根效力，也曾是耶鲁冰球队成员，不可思议地看着我，说道，“你穿的这是什么玩意儿啊？”

就这样，我来到了错综复杂的对冲基金世界，就像是爱丽丝

① 威廉姆斯交易公司现在搬到了康涅狄格州斯坦福。——作者注

误闯入了仙境。我总是在想，**我的对冲基金从业轨迹就像阿甘的人生之路，不断经历历史性转折，不断遇见大名鼎鼎的人物**。可是，就算是阿甘也不会蠢到穿着一身地摊货行头走进交易室。后来，我买了两套西装—— 一套蓝色，一套灰色，轮换着穿。

威廉姆斯交易公司人人打领带，但看上去十分低调，一如他们的交易风格。事实上，整个公司只有四名成员、一名行政助理以及一些电脑设备。办公室也很小，但纪律森严，自有一套业务程序。

威廉姆斯在一年前，也就是 1998 年，开办了这家公司。威廉姆斯在大四（1983—1984 赛季）时曾是耶鲁冰球队队长。1987 年年底，威廉姆斯踏上华尔街，在赫顿股份有限公司（E.F. Hutton）做场内助理，并于 1987 年 10 月 19 日在纽约证券交易所场内见证了黑色星期一。然后，他成了瑞士信贷第一波士顿的股票销售交易员（1988 年，瑞士信贷收购了第一波士顿的多数股权，两者合并为瑞士信贷第一波士顿），后来又跳槽至帝杰银行（Donald son Lufkin and Jenrette），担任副总裁兼高级股票交易员。该银行之后也被瑞士信贷合并了。1993 年，威廉姆斯迎来了职业生涯的转折点。他被一位传奇对冲基金经理招致麾下。这位经理就是朱利安·罗伯逊（Julian Robertson）。

当时，罗伯逊的老虎基金管理公司（Tiger Management，已经封闭，不再接受新的资金）是历史上最传奇的资金管理公司之一。“老虎”大卫·威廉姆斯能够加入一家叫做“老虎”的基金管理公司纯属巧合。

“老虎”这个绰号的历史可以追溯到威廉姆斯少年时在波士顿打冰球的时候，他的首名和姓与臭名昭著的NHL球星“老虎”戴夫·威廉姆斯（Dave “Tiger” Williams）一模一样。后者在15年的职业生涯中被罚时超过3 966分钟，相当于在罚时区待了整整三天三夜，至今仍是NHL的最高纪录。

老虎基金管理公司培养对冲基金经理的方式与桑德湾培养冰球球星可不一样。**罗伯逊招募并栽培业内最出色的分析师和交易员。**

20世纪90年代早期和中期，不少老虎基金管理公司员工单飞成立了自己的基金，比如马弗里克资本公司（Maverick Capital）的李·恩斯利（Lee Ainslie）、蓝山资本公司（Blue Ridge Capital）的约翰·格里芬（John Griffin）以及孤松资本公司（Lone Pine Capital）的史蒂芬·曼德尔（Stephen Mandel），还有不少人也在跃跃欲试，他们中有德怀特·安德森（Dwight Anderson）、保罗·杜拉基（Paul Touradji）以及安德里亚斯·哈尔沃森（Andreas Halvorsen）。这些人被称为“老虎俱乐部”。

这些基金多由罗伯逊提供启动资金，一般是数千万美元，相对而言规模较小，只有寥寥几名员工，办公地点也多是从较大的交易或资金管理公司转租的。不少对冲基金都是这样起步的。**这些小型基金交易量太小，往往不受华尔街大投行重视，因此它们急需专业服务来实现自己的交易策略。**威廉姆斯做的便是这等买卖。

他拥有一个遍布华尔街的潜在交易对手网。在老虎公司，威廉姆斯是负责国内股票交易的初级董事，在他效力期间（1993—1997年），老虎公司的资产管理规模从30亿美元上升至150亿美元。1998年6月，威廉姆斯交易公司成立。**威廉姆斯交易公司并不是对冲基金，而是专门从事为对冲基金执行交易指令的外包业务。**

威廉姆斯是公司的掌门人，“剃刀”莱托诺和“拉弗”罗布·拉斐尔（Rob “Laffer” Laferriere）则是他的左膀右臂。拉斐尔曾在波士顿学院和普林斯顿打过冰球。“脏狗”丹尼·迪斯皮纳（Danny “the Dirty Dog” Dispigna）负责操作与执行，即使交易指令成交。这个活儿比较乏味，但至关重要，被华尔街称为“后台”（back office）。丹尼从没打过冰球。还有行政助理艾洛蒂·菲尔丁（Elodie Fielding），她负责使公司平稳运行。

作为一名实习生，我有四项烦琐的任务：

第一项，收集每一个指令的买/卖票（tickets，票上有手写的每笔交易的“买”、“卖”信息，多头交易用黑色，空头交易用红色）；

第二项，与迪斯皮纳一起将这些“票”做成档案并由他输入电脑；

第三项，拆封信件；

第四项，订午饭。

在工作中我发现，不能按时订到合适的午餐是最要命的错误。当然，疏忽大意以至于弄错交易指令信息也很不好，这会令迪斯皮纳很头疼。没有人喜欢被人吼，但每当迪斯皮纳为了修正我的错误而加班加点，我就感到非常难受，我真不是一个好搭档。威廉姆斯像管理冰球队那样管理着他的公司。公司里有很浓的竞争氛围，其他交易公司时不时会来点小赌怡情（你吃得下 27 块麦乐鸡吗？）或是荤段子之类的消遣，但威廉姆斯交易公司一向以严肃为自己的风格。只有一点是相同的，他们总是很忙，接下交易指令，然后在华尔街找到对手盘成交。我实习的第一周是我有生以来压力最大的一周，因为我感到浑身不自在，我听不懂证券市场术语——我不懂游戏规则。我完全是赶鸭子上架，茫然不知所措。至少一开始是如此。

慢慢地，我不但知道了在华尔街也存在团队合作（我原先还以为这里的人都是单枪匹马的），也逐渐了解了市场是如何运行的。

规模巨大、只做多头、享受免税优惠、手握巨额退休金资产的共同基金，如杰纳斯（Janus）、富达（Fidelity）、普特南（Putnam）、普信（T. Rowe Price）等，在市场上呼风唤雨。在他们的推动下，标准普尔 500 指数连续 4 年上涨超过 10%，纳斯达克综合指数更是一飞冲天[①]。对冲基金也是市场上的弄潮儿，影响一日胜过一日，但华尔街之外的普罗大众对此一无所知。

当我 1998 年 6 月开始在威廉姆斯交易公司上班时，许多行业统计表明，市场上大约存在着 3 000~4 000 家对冲基金，资产管理规模在 3 000 亿 ~4 000 亿美元之间。当时我几乎从没听说过“对冲基金”这个词，绝大多数美国人也一样。但是，在 20 世纪末，对冲基金业已经诞生了不少明星基金经理，他们是当之无愧的世界级投资大师，是卖方争相拉拢的对象。

他们中有教父级人物朱利安·罗伯逊、乔治·索罗斯、迈克尔·斯坦哈特（Michael Steinhadt）；有新崛起的交易巨星，即所谓的“枪手”（gunslinger），如保罗·都铎·琼斯（Paul

① 纳斯达克综合指数在 1997 年年底为 1 570.35 点，1998 年底上涨至 2 192.69 点。——作者注

Tudor Jones）、史蒂夫·科恩（Steve Cohen）；有从高盛出来的后起之秀，如莱昂·库珀曼（Leon Cooperman）、理查德·佩里（Richard Perry）、丹尼尔·奥克；有以研究见长的投资者，如阿特·萨姆伯格（Art Samberg）、乔恩·道森（Jon Dawson）；还有依靠统计学来进行交易的投资者，如吉姆·西蒙斯（Jim Simons）、大卫·肖（David Shaw）。最后一类人就是所谓的"宽客"[①]，他们乘着技术和学术的东风，正在冉冉升起，即将成为华尔街的新主宰。

当时，规模最大、被人们谈及最多的基金是长期资本管理公司（Long Term Capital Management，LTCM）。该基金数年前成立于格林尼治，创始人是前所罗门兄弟债券交易员约翰·梅利韦瑟（John Meriwether），拥有迈伦·斯科尔斯（Myron Scholes）和罗伯特·默顿（Robert Merton）等一群大名鼎鼎的经济学家，他们将尖端数学理论与成熟的计算机模型完美地结合到一起。

我读大学时领教过世界顶级学者的风范。大三时我选了一门经济学课程，任课老师是罗伯特·希勒（Robert Shiller）教授，著名的标准普尔 / 凯斯–希勒房价指数便是由他协助开发的。在上这门课之前，我对经济学毫无兴趣。但是，在希勒教授的讲授下，经济学变得实用起来，似乎与我产生了联系。原本我觉得经济学只是些统计性质的理论，充满了学究式的概念：供给、需求、通

① 想更多地认识宽客，请参阅《宽客：华尔街顶级数量金融大师的另类人生》，本书中文版已由万卷出版公司出版。——编者注

胀、通缩，诸如此类。**但希勒教授大量使用真实案例和历史故事，他经常引用数十年的数据来解释市场力量是如何运作的，历史是如何一再重复的。**当然，他没有告诉我们历史什么时候不再重复。而这正是由那些经济学教授一起创建的对冲基金巨头 LTCM，在随后的 1998 年夏走向万劫不复的原因。① **LTCM 的倒闭使得全世界成千上万人首次了解了对冲基金的存在，并感受到它们对世界金融的巨大冲击。**

在威廉姆斯交易公司，我开始近距离接触真实的金融世界，了解它的广度和深度，学习它的运作方式，目睹大笔资金带着各种目的用不同方式在证券和其他工具上流进流出。感受到这一切之后——人们不是在买证券就是在卖，不是在建立多头头寸就是在回补空头，我开始研究市场参与者是如何进行交易的。有的交易者在淡出市场，有的则在迫不及待地进入。我目睹了市场如何在上午 9 点半至 11 点期间大幅上扬后陷入停顿（道理很简单，交易员们吃饭去了）。这份工作并非万事如意，但我十分享受它带给我的繁忙和同事情谊。我第一次感觉到，要是成不了职业冰球手，在华尔街混饭吃也不错。但我的冰球生涯还在继续。

---

① LTCM 在 1998 年 8 月遭受重创。它在基于债券收益率差的金融衍生品上选错了方向，在肇始于俄罗斯债务违约并蔓延到亚洲的货币危机中遭受重大损失，该基金大量使用杠杆，本身只有 100 亿美元资本却持有着 1 000 亿美元的风险。9 月，LTCM 被迫清盘。最终在纽约联邦储备银行的协调下，14 家机构，几乎包括当时所有的主要投行，组成了一个债权人联盟，向该基金注入了 36 亿美元资本。当时，人们担心 LTCM 的完全倒闭会动摇整个金融体系。——作者注

大四那年，也就是1997—1998赛季，我被任命为耶鲁冰球队队长。我们的表现依旧抢眼，吸引了不少NHL球探。我们稳扎稳打，在最后13战中取得8胜，与普林斯顿并列常春藤联盟榜首。这一切都是在雷·吉鲁（他也许是耶鲁历史上最伟大的冰球选手）毕业的情况下取得的。比赛之余，我开始准备毕业论文。

我的论文是关于成功创业者的共同之处的。尽管研究的过程让我颇为享受，但写论文对我来说是种折磨，在大一的语文课上，我的作文曾经得了个“无法给分”的评语。学校为我指定了一名辅导老师，但我在写作方面还是没有多少起色。不过，我还是完成了论文。我从我以前描写我的祖父阿方斯的文章中确定了几个论点。

> 我的祖父出生在法裔加拿大小镇朗拉克（Long Lac），兄弟姐妹共19人。他经营过很多小生意，有餐馆、杂货店，还有一家女装店。我想了想还有哪些最伟大的生意人，很自然地想到了沃伦·巴菲特，就把他也写进了论文中。为了研究巴菲特为何会变得如此伟大，我考察了他的发家史。我从《巴菲特传：一个美国资本家的成长》（*Buffett: The Making of an American Capitalist*）中找到很多材料。我的祖父和奥马哈圣人都有一种“走自己的路，让别人说去吧”的信念。

要是我今天重写这篇论文的话，我会把它写得非常简单。**什么造就了伟大的企业家？动力、勤奋以及坚持自我。**

随着毕业的临近，冰球赛季也进入了最后 10 场比赛。很显然，不再会有球探等在更衣室门口找我谈话了。我开始认识到我的冰球生涯接近了尾声。1999 年 3 月 13 日，我打完了最后一场冰球赛，耶鲁在 ECAC 季后赛中主场 2∶7 惨败给科尔盖特大学（Colgate）。我感到无比沮丧。我腹股沟有伤，所以没能发挥出最好水平。

一切都结束了，比赛，我的事业，全都结束了。真的结束了。我的冰球梦被击得粉碎。我舍不得脱去我的冰球装备。录音机里反复地播放着同一首歌：加斯·布鲁克斯（Garth Brooks）的《河流》（*The River*）。

我坐着，一遍又一遍地听着这首歌，听了足足有九遍。这首歌的主题是有一个人一直在追求自己的梦想，直到有一天他的梦想之河“干涸”了。我没有哭。冰球场上没有人会掉眼泪。但我的心空落落的。我 24 岁了，但还没搞清楚自己到底是一个怎样的人，下一步该怎么走。这是我一生中的最低谷。我的梦想之河将把我带向何方？我不知道，也许是回到桑德湾，和“黄鼠”们完成最后一个夏天的园艺工作，然后在苏必利尔湖边终老吧。

但不久以后，我又找到了新方向。我准备进入耶鲁研究生院，继续当耶鲁冰球队队长。这时，华尔街向我抛来了橄榄枝。我接受了……

DIARY of A HEDGE FUND MANAGER

第4章 不惜一切代价

投资组合经理们和分析师们喜欢与高管面对面交流，因为这样可以看清楚他们表情神态的细微变化，从中挖掘出最微妙的财务线索。对冲基金就是要不惜一切代价获得优势，我感觉我正在和所有的对冲基金打交道，我的老板正在给我越来越大的行事自由。

我和雷曼兄弟公司的高管面对面坐在纽约市的一家饭店中。这是雷曼兄弟公司春季“超级星期六”（Super Saturday）招聘活动，共有24位应届毕业生前来竞争6个入门级职位，他们大多来自常春藤盟校。

“您有球吗？”

听了我的问题，雷曼兄弟的高管茫然地看着我。他一定没料到一位1999届应届毕业生会问他问题，毕竟他才是面试官。要不然就是他认为这样很失礼，因为这家伙的表情好像是我在调戏他妻子。绝大多数银行都有自己的“超级星期六”。对我们学生来说，参加这类活动一半是公费旅游，一半是障碍赛马。我可不想怯场。

“球？”他问道，“你什么意思？”

“就是球啊，”我胸有成竹地笑道，“就是扔来扔去的那种球。网球，足球都行，只要是球。您有吗？”

“你到底是什么意思？”

我其实是在回答他的问题。他摆出一副盛气凌人的样子问我，为什么我认为自己是雷曼的料？我有什么过人之处？

我告诉他：“如果你把这儿的应聘者关进一个屋子，然后关上门，熄掉灯，再往一团漆黑的屋子里扔进一个球让我们抢……我可以保证……最后那个拿着球走出房门的一定是我。”

那个雷曼高管衣冠楚楚，看上去像个运动健将，他朝我一笑，困惑一扫而空。他伸出手与我握了握，几乎是喊着说：“这是我听到过的最棒的答案！”

1999 年正是网络发展得如火如荼的时候，但华尔街每年 5 月仍要招募大约 100 万名应届毕业生，这使得它们得使出浑身解数与硅谷竞争。我拿到了雷曼兄弟的录用信，但最后去的是瑞士信贷第一波士顿（CSFB）[①]。1999 年夏天，CSFB 是华尔街上最热门的公司。

许多公司——包括大型投行，通常会对新招进来的大学毕业生进行入职培训，让他们在不同的部门轮岗。银

① 瑞士信贷集团于 1996 年将其投资银行部门更名为瑞士信贷第一波士顿。10 年后再次更名为瑞士信贷。——作者注

行或投资经纪行可能会将新员工派往销售、交易和研究岗位。我参加工作的时候，CSFB也有这样的轮岗计划，但那一年的情况不同以往。

当时，科技网络股的狂热如日中天，这部分是因为无所不在的互联网与日俱增的魅力，部分是受到与所谓的“千年虫问题”相关的大规模支出的推动。

在CSFB的首席执行官艾伦·韦特（Allen Wheat）的领导下，位于纽约的瑞士信贷集团全球投资银行部身处“科技股”狂热的最中心。一年前，也就是1998年年中，韦特将富兰克·夸特罗内（Frank Quattrone）连同他位于加州的门罗公园的技术团队一起从德意志摩根建富银行（Deutsche Morgan Grenfell）挖了过来。夸特罗内是一位有点石成金魔力的银行家，原先在摩根士丹利效力，是玛丽·米克尔[①]（Mary Meeker）的同事。到1999年年中，夸特罗内的科技网络股IPO制造机开足了马力创造着新股票。

据《商业周刊》的统计，1998年夸特罗内总共将138家公司变成了上市公司。从波士顿巴克贝区到丹佛切利克里克区的科技股共同基金经理们时刻与CSFB保持着联系。在华尔街眼里，这些基金及其投资者的钱实在是太好赚了。

① 玛丽·米克尔，华尔街最著名的技术股分析师、最坚定的科技股鼓吹者。——作者注。

我并没有在各个部门轮岗，而是直接被送到了股票销售部门。我的顶头上司是 CSFB 的两位顶级股票销售员——史蒂夫·凯勒（Steve Keller）和汤姆·费拉罗（Tom Ferraro）。我成了他们团队中的初级职员，任务是为他们提供支持，完成好他们交代我的一切事情。我的头衔是“分析师”，但实际上仍旧是“石工”。

CSFB 的股票销售团队总共有 150 名员工，分布在世界各地，我们是其中一个组。股票销售团队又是全球股权部门的一个分支。1999 年，全球股权部有超过 3 000 名员工，负责人是老牌衍生品交易员杜德恒（Brady Dougan）。

我被这个团队接受还要归功于常春藤盟校和体育界的关系。凯勒是 1990—1991 赛季耶鲁篮球队队长，我就是被他招进来的。他和费拉罗领导的小组是 CSFB 股票销售部门的先锋，当时已开始拓展迅速成长的对冲基金渠道。我们重点关注纽约州和康涅狄格州最大的公司。每次凯勒向我要所有格林尼治和斯坦福资产规模超过 1 亿美元的对冲基金的电话的时候，我都会问：“您是否也要电子邮箱？”

我又找到了在冰球队当新队员的感觉，只不过这次上的不是冰场，而是战场。**毫无疑问，我只是大池塘里的一条小鱼，需要在打仗时充当炮灰。我的职责就是尽可能多地卖股票，其他方面不需要考虑。**只要我能让凯勒和费拉罗有好脸色，那么兴许就能在年底得到一个大红包，在我的五位数基本工资上狠狠地添加一笔。

杜德恒有他自己的目标。1996年，当他成为CSFB全球股权部主管时，给自己定了一个几乎不可能完成的任务：他要使部门税前未分红利润在2000年达到10亿美元。如果这一任务顺利完成的话，CSFB的税前未分红利润将在1995年的基础上增加16倍。杜德恒及其追随者将这一计划称为“稳扎稳打，按部就班”。

计划开始实施后，我并没有觉得有多恐怖。我很快进入了角色，学会了用已知的常规来对付未知的冲击。我住在曼哈顿默里高地34号大街上位于公园大道和莱克星顿大道之间的一座多层公寓中。我做出这个决定可是花了血本的，虽然那里租金高，但离我上班的地方只有几步之遥。与我同住的是我在耶鲁的老朋友里德·勒纳和“法国仔”弗朗索瓦·马南特（Francois “Frenchy” Magnant），后者是耶鲁冰球队的防守队员，现在从事投资银行业务。

我每天步行上班。CSFB的办公楼位于熨斗区麦迪逊大道和28号大街拐角处，装潢得颇有些艺术风格。那里以前是大都会人寿保险公司的物业。

有了在威廉姆斯交易公司的经验，我每天早上6点半便到达办公室，通常是第一批踏入公司大门的人。如果我们的大约50位对冲基金客户中的一位这时候给股票销售部门打电话，他往往会误认为接待他的是语音信箱。不，早就有人会听他的电话。这使我认识了不少对冲基金人士，有投资组合经理和分析师，也有初级员工。很快，我发现电话那头的声音有些耳熟——原来那些买方的初级分析师是我在耶鲁的队友。**我想，有朝一日我还会和他们一起共事的。不过是下指令，而不是接指令。**

但我仍然很喜欢我现在的工作。平时，我的工作环境相当嘈杂，那热闹劲儿就像是在赛马场的内场，当然在这里你看不到任何马匹。你听到的只有又洪亮又焦急的下单指令声。一举一动你都能听到。很快我就发现哪些基金在心急火燎地做交易，哪些则是在闲庭信步。**我从未目睹对冲基金是怎样在投资界崭露头角的，但我听到了，感受到了。对冲基金的交易量很大，是大主顾，因此他们的要求我们从来不敢怠慢。**

要分清股票销售交易员和股票销售员有什么区别，就需要好好看看CSFB之类的投资银行是如何运行的。从1999年到2000年，CSFB简直是新股制造机和分配厂。CSFB将这些“雏儿”“带进”公开股票市场里。当这些公司开始上市交易时（一般是在纳斯达克挂牌），CSFB会向“跟踪”这些公司的资金管理者提供后续支持——研究报告、关键性或非关键性的小道消息，这些信息往往直接来自公司管理层或是从管理层口风中推断出。

像夸特罗内这样的投资银行家拥有一个“风险投资家”网络，他们寻找“雏儿”，看看它们是否会吸引公众的购买欲，然后开始运作 IPO。整个程序中最关键的一环是吸引大型机构买家排着队等待配股。CSFB 的分析师们跟踪着这些公司的一举一动，稍有风吹草动便向机构投资者报告，比如收入变化、盈利变化、股价可能的运动方向之类的。

在公告前就刺探到季度收益或收入数字便是投资和交易行业的圣杯。我们的分析师对这些公司盯得非常紧，不仅是为了写报告、做推荐，而是为了让消息更可靠，任何细微之处都不能疏忽。在这个时代，华尔街的“研究报告”大多被认为相互冲突、对投资者一无是处，这样说不无道理，但打击面太广，至少 CSFB 的报告绝非如此。相信我，各大机构总是死皮赖脸地向我们的分析师索要最近的更新。

虽然我坐在 CSFB 销售交易员中间，但我的工作能否有成效取决于是否能与楼上的分析师保持密切联络。我们要时刻关注各位分析师的所有新消息，而分析师大多很忙，不是在开会，就是在去开会的路上。我很快意识到，作为一名 7 级初级分析师，我基本上没什么机会能和 CSFB 的分析师扯上关系。我根本见不到 CSFB 的王牌分析师，比如电信行业的丹·莱茵戈尔德（Dan Reingold）和软件行业的温德尔·莱德利（Wendell Laidley），更别说从他们口中获取世通或 Veritas 的消息了。不过，**要是我能和各板块的初级分析师搞好关系的话，也能使消息来源扩大好几倍。**于是我经常利用在公司自助餐厅和健身房的机会接近他们。我将交朋友作为自己的任务。凯勒告诉我，我做得还不错，这使我大受鼓舞。“基思说得对。”一位客户如是说。凯勒开始让我与越来越多的客户直接联系，因为我总能坚持到底把事情办成，也因为我有时能搞到最新消息。

我的工作间位于股票交易室边上，与那里只有一道之隔，旁边就是地位崇高的股票销售团队。必须指出，他们与我和我的同道们——股票销售员，并不是一个工种。

当时流行的面向散户的“买入 / 卖出 / 持有”报告我们CSFB是不做的。我们有一些个人客户，但并没有配备类似美林闪电部落（Thundering Herd）那样的销售团队，整天为了发展客户、从他们的账户中套钱而狂打电话。这并不是说CSFB不对股票进行评级[①]，而是说我们的客户都是“机构”资金管理者，它们规模很大，经验老到，如共同基金、独立账户管理人等。此外，对冲基金此时正在崛起。这类资产管理客户——统称为“买方”的账户上至少有上百万资金，多则上亿，有的甚至上十亿。这类客户对评级和荐股没什么兴趣，但对我们的分析师知道些什么很有兴趣。

CSFB的分析师以对自己跟踪的公司洞察秋毫而自豪。**股票**

① 事实上，CSFB有一个四级评价系统：强力买入、买入、持有和卖出。——作者注

销售人员，比如凯勒和费拉罗，则有着相似的性格，他们负责将分析师的信息传递给买方客户，他们按交易量大小对客户进行排序，交易量越大越能获得优先信息。

我们时刻与大客户保持联络，向他们传达我们所追踪的公司的最新消息。**相信我，这些投资组合经理们眼巴巴地盼着我们的电话，都希望抢在别人之前获取消息。**为此，那些投资组合经理们通过 CSFB 做交易。

销售交易员接收投资经理的指令。股票销售团队毗邻销售交易团队，销售交易团队又挨着头寸交易团队。销售交易员接收来自客户的交易指令，通常是动辄上万股的“大宗”交易。客户，即基金经理，付给我们可观的佣金，大约相当于每股几分钱。公司用这笔钱养活研究团队。做研究的人叫做分析师，他们追踪投资银行家包装打点的上市公司，然后将报告交到股票销售员手里。销售交易员喊出客户的指令，处于交易室远端的头寸交易员接收这些指令，设法让这些指令成交，这样 CSFB 才收得到佣金。我们就是这样做生意的。

我正好坐在股票销售团队和销售交易团队之间，因此开始注意哪些投资组合经理的要求最受重视，哪些人在新消息到来时（不管是好消息还是坏消息）保证是“首先告知”或是首先告知之一。

显然，**最受重视的客户就是那些交易规模最大、交易最频繁的客户。金主总是能得到顶级的待遇。**

上文已经提到，我目睹了华尔街客户优先顺序的变迁。谁是“首先告知”客户？通常是对冲基金，比如斯蒂芬·科恩的塞克资本公司（SAC Capital）。当时最大的单体对冲基金是皮廓特资本公司（Pequot Capital），经理是阿特·萨姆伯格和丹尼尔·本顿（Daniel Benton）。对冲基金的地位在快速提升，很快便与最受欢迎的共同基金公司——如富达和杰纳斯平起平坐了。

共同基金的大单通常可以在股市上掀起不小的波澜，而对冲基金也有同样大的能量。它们可能不是规模最大的，但绝对是最能来事的。它们聚集起大笔资金，收取极高的费用，这使得它们能够雇到最好的员工。每天都有新基金成立。我开始熟悉它们，有时只凭首名就能分辨清楚。我感到我正在和所有的对冲基金打交道，我的老板正在给我越来越大的行事自由。

我的日常首要工作是记下每个工作日 8 点举行的 40 分钟晨会的主要内容，然后写成报告交给上司。晨会节奏很快，其中夹杂着大量新闻和各种各样的进展。相关员工们集中在交易室尽头的一个大房间里，那阵势让我想起了大学课堂，你要是去得晚，连坐的地方都找不到。还有很多人利用电话参与晨会。

晨会由特里·库斯利（Terry Cuskley）主持，他是 CSFB 董事总经理，也是股票销售团队首席教官。斯库利每天从费城郊区的家中赶往曼哈顿上班。他主持晨会十分认真，你别想蒙混过关。

全球股票研究部主管阿尔·杰克逊（Al Jackson）和他的各板块分析师在晨会上发言：最新看法、要点、正在发生什么、将要发生什么、信息更新、突发事件、还有分析师的观察。他们通常是在中途通过电话参加晨会的，“我刚和管理层碰了面……”

通过晨会，最新消息在短短几秒钟时间内便从分析师那里传给了销售员，如果费拉罗认为消息与某个大型对冲基金客户有关，便会马上打电话告知。这是名副其实的“首先告知”，有时费拉罗感到不必再在晨会上浪费时间了，便会提早退出，因为他知道我会把晨会内容事无巨细地记录在案，做成简报交给他过目。这种日复一日的信息传递倒成了我的一大用武之地。CSFB 供应的硬皮笔记本被我用了很多。

我在 CSFB 的另一项主要任务是安排并陪同管理层与重要客户会面。会议安排是我们研究“产品”配套服务中最重要的一项。硅谷 CEO 和 CFO 们飞来纽约，急切地想同对冲基金大股东会面，他们的日程安排得满满的，有时要在两天时间内开上十来次碰面会。对冲基金付钱让我们安排这些 C 字头人士[①] 的碰面会。**投资组合经理们和分析师们喜欢与高管面对面交流，这样就能看清楚他们表情神态的细微变化，从中挖掘出最微妙的财务线索。**对冲基金就是要不惜一切代价获得优势，它们比只做多头、已开始组建自己内部研究团队的共同基金积极得多。

为这些管理层会议提供后勤保障的重担就落在了我身上。我做得还不错，俨然是专业的会议组织者。凯勒和费拉罗恨不得我一直坐在座位上，但我总是竭尽所能参与由我安排的见面会，既为了保证会议顺利进行，也为了拓展人脉。

> 会议通常在对冲基金会客室举行，我会先与管理层一一握手，然后把他们带往会议桌。会议地点大多在曼哈顿中城，有时则需要搭车前往格林尼治、斯坦福、韦斯特波特、绍斯波特和法尔菲尔德，有很多大型对冲基金公司坐落在那里，在路上就得耗费个把小时。在开会期间，我会坐在会场里，但不说话，只是默默记录一切。

一开始我觉得这些会议千篇一律，但很快就发现其实千差万别。有时我觉得这种会议就像是演戏，布景和台词都差不多，但演员每次都换，潜台词也各不相同。我开始留心观察对冲基金人士，学习他们挖掘有用信息的诀窍，比如长时间盯住（这使我想

① 英文中“首席”（Chief）以 C 字开头，首席 XX 官是企业高层，因此企业高管被称为 C 字头人士。——译者注

起了冰球场上的斗眼）CEO，或是打破沙锅问到底，让 CEO 窘迫不堪，这样他就没时间准备一套冠冕堂皇的说辞了。**由于对冲基金既能做多也能做空，因此 CEO 的信口胡说是要付出代价的。**有时候，对冲基金方会抛出精心准备的巧妙问题，让管理层措手不及，以期他们下意识透露点有用信息。没有人会赤裸裸地打听“内幕”。**通常，管理层会在漫不经心间漏出一点儿信息，只要有合适的框架，你就能依此推断出你想要的“数字”，也就是“圣杯”。从对方的脸色中解读季度收益，既是科学，也是艺术。**

但是，到了 2000 年 8 月，美国证券交易委员会（SEC）认定这种管理层–投资组合经理与分析师会议违反了《公平披露规则》（*Regulation Fair Disclosure*）[①]。这一规则意味着不允许上市公司在向所有投资者披露相关信息之前，先向特定投资组合经理或分析师透露任何可能对其公司股价造成冲击的消息。这使得见面会一下子冷清了许多，因为所有人都害怕违反《公平披露规则》。但见面仍然会举办。**规则在变化，但游戏仍要继续。只要没有向所有人公布信息，公司高管就不能向分析师透露半点关于其公司财务状况的实质性内容，这使得连夜召开的碰面会变得无关紧要了。但是，只要你能提出正确的问题，仍旧可以套得一些线索，尽管这些线索非常隐晦。**

除了安排上市公司管理层与对冲基金见面之外，我还组织即

① SEC 于 2000 年 8 月通过并于当年晚些时候正式生效，当时的主席是阿瑟·莱维特（Arthur Levitt）。《公平披露规则》产生的背景是公众担心上市公司高管在关于季度利润预测的信息披露方面严重偏向于华尔街的分析师和大型投资者，SEC 认定这属于不公平竞争。——作者注

将上市的公司管理团队与对冲基金会面。为了安排这些会议，我必须得到 CSFB“路演部门”的帮助。

> 路演部门由一批投资银行家和分析师组成，他们整天与管理层打交道，安排所谓的“展示会”，为新股发行兜揽生意，有时一天能够举办三场路演。

如果我不是在出席会议，不是在做会议记录，不是在安排新会议，那么我一定是在进行交际。我每周至少要花两个晚上与对冲基金客户搞好关系——通常是交易员，我要请他们出去消遣。这些人并不是投资决策者，只是为投资组合经理执行交易（作为对冲基金投资决策实施的一部分）的人。

对冲基金交易员能够为 CSFB 带来大单。即使是初级交易员也有下达或撤销交易指令的权限。他们是我要拉拢的对象。有时候，高级投资组合经理会去看几场体育比赛。我们会带着对冲基金客户出入职业棒球联赛和美网公开赛现场，或是形形色色的演出。只要你开口，我就帮你搞到票。我存了一鞋盒的票根，因为那时候我认为自己是在为梦想而奋斗，而这些票根就是我实现梦想的见证。

曾经，我连从桑德湾到彭布罗克的飞机票都舍不得买，但现在我每周至少去两次 Sparks 或是 Peter Luger 餐厅用餐。（我尝遍了纽约所有牛排馆，认为这两家的最好吃，我个人更喜欢后一家。）我预订座位、选定佐餐葡萄酒。其实我一点关于葡萄酒的知识都没有，反正挑最贵的点就是了。CSFB 曾经办过一次内部赏酒培训班，这真是太有用了——尤其是对销售人员来说，品酒可是我们的家常便饭。这个培训班可以叫做“如何在点酒时像个行家”。

也许没人会认为我这个人有着远大理想（我就是这么想的）。回想起来，我在 CSFB 的绝大多数时间里都在给各种各样的客户打电话，向他们传递 CSFB 最近弄上市公司的最新消息。我的电话沟通的技巧原本不错，经过在 CSFB 的历炼，就更加出色了。**我丝毫没有察觉，华尔街距离即时信息时代只有一步之遥了。**

如果我没有出去花天酒地，就会在位子上待到上司下班走人为止，一般是下午 6 点左右。然后我会去 CSFB 的健身房练上一会儿，到 7 点钟就去 CSFB 的自助餐厅蹭免费晚餐。通常我会利用这个机会和初级分析师套近乎，和他们边吃边聊。吃完晚饭，我会回到位子上看看有没有新信息或是客户有什么新要求，做完这些工作，我才回家。到家时间一般是 8 点，我倒头便睡，直到第二天早晨 6 点起床，开始新的循环。

我把大部分时间花在给对冲基金投资组合经理和分析师打电话上。通常我会主动与他们联系、给他们留言，有时很晚也会打电话，主要是为了让他们知道他们持仓的公司的一切信息——细致到是否换了空气清新剂的牌子。**这种事无巨细的服务就是卖方为买方提供的附加值，也是买方通过我们公司的股权部进行大宗交易的原因。**知道夸特罗内的 IPO 日程肯定没有什么坏处。

你也许会想，当时技术股 IPO 每个交易日都能上涨几十点，我们赚钱一定是易如反掌——各大机构揣着钱袋眼巴巴望着 CSFB，而 CSFB 决定着谁能够获得最火热的 IPO 配股。

人们大多认为，在 20 世纪 90 年代，卖方的研究往往与其投资银行业务有着撇不开的关系。确实如此。寻求上市的公司喜欢盯着《机构投资者》杂志全美研究团队排行榜，哪个分析师在所在板块的排名最高，他所效力的投行就最有可能获得这单 IPO 业务。

CSFB 投资银行业务的核心竞争力就是夸特罗内和他在技术界及资金管理界的广泛人脉。他是技术 IPO 的同义词。投资银行费向流水一样源源不断滚入 CSFB。1999 年，夸特罗内及其团队在技术及网络 IPO 业务上创造的股票承销费高达 6.86 亿美元。CSFB 的股票承销业务市场份额从 1998 年的 3.8% 上升到 8.6%，从最受关注的汤森路透排名榜上的第 8 位跃至第 4 位。

绑得太紧也有坏处。研究业务同时也影响到交易业务。想获得 CSFB 的研究服务或是得到 IPO 配股吗？通过 CSFB 进行大宗交易吧。交易佣金就这样节节上升。

我从没见过夸特罗内，但我替他安排过年度技术会议，替他决定哪些客户有资格与会。夸特罗内技术会议每年感恩节后在亚利桑那州的斯考茨代尔（Scottsdale）举行，是业内盛大的交际活动，地点通常选在一个叫做腓尼基饭店的高尔夫俱乐部。这个饭店是史上最豪华的饭店之一，建于垃圾债券时代的顶峰，由查尔斯·基廷（Charles Keating）的林肯储备信贷银行（Lincoln Savings & Loan）融资兴建。**这个聚会为技术公司高管和持有或者正欲持有他们股票的投资组合经理们提供了面对面交流的机会。更重要的是，还可以鼓动他们既精明又重要的对冲基金朋友们做同样的事。**整个聚会算下来要花费 200 万美元，会请罗宾·威廉姆斯（Robin Williams）这样的明星来表演助兴。我从没参加过这个会——连受到邀请的机会都没有。多年后我了解到，技术股泡沫最终使天才的夸特罗内迷失了方向，不过检察官对夸特罗内如何发送与会请柬毫无兴趣。

但在 1999—2000 年间，夸特罗内的 IPO 机器开足了马力。在这两年里，共有 637 家科技股通过 IPO 上市，总融资额高达 4 000 亿美元。后来，随着泡沫破灭，这笔钱中的绝大部分也灰飞烟灭了。

有一家通过我们上市的公司弄得我很不爽，它就是 FogDog.com。我以为，这家网络体育器材销售商多少能和我扯上一点儿关系，因为我时不时会买一点儿冰球装备。

后来我发现我的这个想法很可笑——我从来没有见过哪个人是通过网站购买冰球鞋的，我们的一些老道的对冲基金客户将 FogDog 这样的公司视为网络股泡沫的象征。

尽管许多基金利用红得发紫的成长股起家，但其他基金已经开始做空荒唐的公司了。**在我参加的一些会议上，卖空的投资组合经理会有意激怒管理层，引诱他们列举完全荒谬的潜在增长故事，以此来证明这些公司的盲目乐观已经完全与实际脱钩了（简直是在胡说八道）**。“那么，你们这些家伙认为你们能在未来 5 年内使拉美地区的销售额翻 4 倍？”呃，是的……

我对技术泡沫最生动的记忆是在 1999 年仲夏。我在电脑屏幕中目睹了纳斯达克综合指数节节攀升，到 1999 年年底走出了 86% 的惊人年涨幅。夸特罗内和他的下属以每天 3 家的速度制造着 IPO。一天早上，某家通过我们上市的网络股（做的是在线音乐下载服务）高管拜访了 CSFB 的交易室。他们是来纪念自己的股票在纳斯达克上市的。

这些人都是 30 多岁，西装革履，踌躇满志。他们拥有一个域名、一个梦想，现在又拥有了一个代码，而市场觉得他们的公司很酷。上市首日，买盘如潮。我记得我看见 CEO 拿出相机对着自己猛按快门，摆了很多姿势，但每张都没忘了把我们交易员的电脑屏幕拍进去——上面有他们公司的代码和股价。我对自己说，好了，市场快见顶了。当然，我也需要学会面对困难。

CSFB有个政策，员工可以认购公司承销的股票，但必须至少持有30天。我看着这些股票好像每天都在大涨——这在1999年以前的华尔街是极其罕见的，一般只可能发生在并购传闻或重大监管规则变化的情况下。但近来有些网络股跌起来也相当迅猛——这还是在网络股繁荣期呢。

有一回，我买了一只CSFB承销的股票，一家软件开发公司。这只股票上市首日非常火爆，几天之内就翻了两倍，可是后来却跌得惨不忍睹。30天持股的规定让我恨得牙根痒痒。在技术股泡沫中，我却选到了一只垃圾股。这一课给了我深刻的教训。我切身体会到了华尔街的运作方式。我了解到，对冲基金经理才没有什么30天持股的规定。

我还发现了另一个清晰的警示信号。那是夸特罗内会议之前不久的一个星期六早晨。我所住的公寓的门房敲开了我的门，告诉我有人给我送了一些酒。结果我一看，是某位对冲基金客户送了我好几箱（不是几瓶）价格不菲的名酒！我只不过是个初级分析师，居然收到了大名鼎鼎的资金管理者送来的酒，而且一送就是好几箱。

杜德恒的10亿美元税前未分红利润目标在1999年轻松达到了。2000年第一季度，也就是纳斯达克筑顶的那段时间，我收到了我的奖金。算上底薪，我拿到了 6 位数的钱。这比我父亲当一年消防员或是母亲做一年教师挣得还多。

不过，与此同时，我打听到我的几位同学挣得钱比我还要多出一倍。这些人大多在大型对冲基金公司当分析师，比如索罗斯的量子基金和罗伯逊的老虎基金，有些人我还认识。我得承认，我对他们是羡慕嫉妒恨的。

我服务的大型对冲基金中有一家叫做道森–萨姆伯格资本管理公司（Dawson–Samberg Capital Management Inc.），皮廓特资本公司便是从这家公司走出的。道森–萨姆伯格公司位于康涅狄格州绍斯波特，其前身是 1981 年 1 月成立的道森–亨利资本管理公司（Dawson–Henry Capital Management）。道森–亨利公司成立 10 年后，合伙人乔恩 · 道森与克里福特 · 亨利（Clifford Henry）分道扬镳。亨利是成长股行家，单飞后成立了沃辛顿成长合伙公司（Worthington Growth LP）。而道森，前普林斯顿长曲棍球队队员、韦斯佩克格里尔公司（Weiss, Peck & Greer）投资管理业务部员工，则留下来继续奋斗，并在 1985 年招徕阿特 · 萨姆伯格为合伙人。

萨姆伯格原先也在韦斯佩克公司效力，他和道森是好朋友。萨姆伯格加入后不久便协助道森发行了一只叫做皮廓特合伙公司（Pequot Partner）的基金。皮廓特是绍斯波特一条街的名字，道森的公司就坐落在那里。1989 年，道森将公司更名为道森–萨姆伯格资本管理公司。皮廓特系列基金发布了一只又一只。迫不及待的投资者争先恐后地付给他们“1+20”管理费，即相当于资产管理额 1% 的固定管理费，外加 20% 的投资收益提成。

20 世纪 80 年代末至 90 年代初，华尔街债券热潮还未退去，债券交易员仍是最炙手可热的人物。道森就在这个时候进军成长股，不断为自己的阵营中招募分析师和新基金。他的核心策略没什么稀奇，就是传统的股票多空交易。尽管他以成长股为投资对象，但采取的是价值导向的投资纪律。萨姆伯格的到来可谓如虎添翼，他的风格可以用价值投资技术（value technology）来形容。

1990—1996 年间，道森–萨姆伯格管理的资产规模从大约 3.5 亿美元增长到 20 亿，大部分要归功于科技股的首波涨势。当时，道森–萨姆伯格大概是唯一受媒体关注的对冲基金，原因是它卷入了 1996 年 SEC 对“软美元”① 泛滥的调查。这一小型“丑闻”很快膨胀为对资产管理人的大规模指控，包括对冲基金、共同基金、经纪商，以及对从交易佣金中获得的“信用”的不正当使用——这些资金本应记为研究支出，但实际上并没有用于研究，而是用于旅行费用报销之类的支出。最终，道森–萨姆伯格没有承认任何罪状，却付了 100 000 美元“失察”罚款。

① 出于对监管当局制定的规则的遵守和防止价格恶性竞争，经纪商通常都会保持交易佣金水平，但是为了吸引客户进行交易，往往私下为客户提供一定的优惠，如提供研究报告及其他优惠等。这种优惠一般采取非现金形式，因此，被称为“软美元”。——译者注

1999年1月，极其成功的皮廓特基金家族（其投资对象不再局限于科技股，对医疗、媒体及通信业也有所涉猎）正式单飞，成为独立的皮廓特资本公司，地点选在康涅狄格州韦斯特波特。这一消息几个月前才刚刚公布。萨姆伯格出任皮廓特公司主席，他的王牌多空技术股投资组合经理丹尼尔·本顿出任总裁。

本顿是在1993年以《机构投资者》杂志技术股分析师排名榜首的身份从高盛加盟道森-萨姆伯格的。皮廓特单飞时，资产管理规模高达40亿美元。1999年，在荷兰郁金香狂热之后最不可思议的牛市中，本顿的科技股基金回报率超过100%。

皮廓特成了资金吸铁石，富豪、各常春藤盟校的捐赠基金纷纷找上门去，即使管理费极高也在所不惜。道森则继续在原公司奋斗，他又物色了一位新合伙人，天才能源股投资组合经理托尼·吉安马尔瓦（Tony Giammalva）。

萨姆伯格和本顿的巨大成功令道森相形见绌，他的公司资产管理规模仍在10亿美元徘徊，但能赚取1+20管理费，算下来收入也十分可观。道森和吉安马尔瓦手下有一个约由12名分析师组成的团队，此外还有交易执行员。道森在纽约开了家小办事处，地址选在曼哈顿中城莱克星敦大道。纽约办事处的负责人是年仅26岁的佛罗里达大学毕业生罗素·赫尔曼（Russell Herman）。赫尔曼在读大学时就开了股票账户，通过电话下单做交易。

> 2000年1月1日，赫尔曼发布了一只叫做绍斯波特千禧基金（Southport Millennium Fund）的新对冲基金。不要搞混了，不是伊斯里尔·英格兰德（Israel Englander）执掌的那只赫赫有名的千禧基金（Millennium Fund）。与英格兰德比起来，赫尔曼显得很不起眼。英格兰德在10年前的伊万·博斯基（Ivan Boesky）丑闻中被捕，詹姆斯·斯图尔特（James Stewart）在《贼巢》（*Den of Thieves*）一书中对此有详细描写。

道森行事也相当低调，没有引起很大注意。**当时，对冲基金尚未形成气候（当然，LTCM除外），但已展翅欲飞，开始从不显眼的角落里走出，频频出现在金融媒体上，而不再是超级富豪们的专属领域。**道森和萨姆伯格的分家在金融媒体间掀起了不小的风波。表面上，他们被描述为友好分手，但实际上，据说是本顿无法忍受道森，而萨姆伯格虽然在韦斯佩克时就是道森的好友，而且在本顿到来之前道森还经常耐心地替他收拾烂摊子，但为了能分到更大的蛋糕，还是选择了和本顿一起跳槽。

从此以后，你要么支持道森，要么支持萨姆伯格和本顿。我的上司继续为萨姆伯格提供服务，而道森则由我负责。这与个人感情无关。凯勒和费拉罗将自己80%的时间花在最大的12家对冲基金客户身上，这就是我为什么也能捞到对冲基金客户的原因。于是，我就这样认识了罗素·赫尔曼。他就是那个对我上司说“基思说的对”的人。

2000 年第三季度，他，以及对冲基金业，把我招了进去。

DIARY of A HEDGE FUND MANAGER

第5章 股价从不说谎，说谎的是人

对冲基金可以在股市上掀起不小的波澜。它们聚集起了大笔资金，收取高昂的费用，雇用最好的员工。投资就是一场每日竞赛，几乎每天都有新基金成立。对冲基金既能做多也能做空，因此，CEO 经常要为自己的信口胡说付出代价。但我被误导了，被对冲基金综合征击中了。

2000年春，我第一次前往康涅狄格州绍斯波特拜访乔恩·道森的对冲基金公司。几个月前，这家公司第四次正式更改了法定公司名，从道森-萨姆伯格资本管理公司改为道森-吉安马尔瓦资本管理公司（Dawson-Giammalva Capital Management）。那里的办公环境与CSFB截然不同。

我知道买方的生活不像卖方一样整日如同打仗一样，但没有想到会是这样一幅场景：一个大约20个人的团队散坐在一个由厂房改造的三层办公空间内安静地做事。这一幕让我感到非常亲切，让我想起了桑德湾的那些猎鹿人小屋。道森穿着开领衫、牛仔裤，脚蹬牛仔靴。他的办公室位于第二层，空间很大，放满了他和各大公司高管的合影，楼上就是交易室。分析师、行政人员和操盘手在一楼或三楼。如果道森需要做交易，他就打开四周都是窗户的办公室大门，向坐在办公室外的交易员喊单。他的声音洪亮而坚定，能给安静的环境增加不少生气。

我是专程搭火车前往绍斯波特与道森见面的。他非常器重的下属罗素·赫尔曼正在力邀我加入道森-吉安马尔瓦纽约办事处。当时维京全球投资公司（Viking Global Investors）交易执行部也录用了我。维京全球投资公司成立于 1999 年，创始人之一兼首席投资官是前老虎基金股票部门主管安德里亚斯·哈尔沃森。2000 年，维京全球投资公司取得了开门红，收益率高达 80%。哈尔沃森身上的光环对我很有吸引力，但事实表明我与赫尔曼有一种与生俱来的默契。另外，我对替其他人执行交易没什么兴趣，我想做我自己的交易。

我的耶鲁冰球队前队友、来自艾伯塔的达里尔·琼斯（Daryl Jones）也来道森-吉安马尔瓦效力，职位是初级分析师。道森-吉安马尔瓦喜欢招募年轻的可造之材，这样至少不必在一开始就支付很高的薪酬。琼斯在 JP 摩根投资银行部干了两年，很不如意。在与“老虎”威廉姆斯讨论之后，琼斯决定改行干对冲基金——威廉姆斯比较了投资银行和对冲基金，认为前者就像花样滑冰，而后者就像冰球。我将琼斯的简历交给赫尔曼过目，然后他就被录用了，被安排给道森的另一位大红人杰夫·格罗斯（Geoff Gross），他是道森公司新发行的技术股基金的经理。在担任投资组合经理之前，格罗斯在技术股分析师的位子上干了两年（他能当上分析师也是托萨姆伯格和本顿单飞的福）。

2000 年年末，萨姆伯格和本顿将皮廓特打造成了规模达 160 亿美元的对冲基金帝国，在当时算是有史以来最庞大的对冲基金公司。不过，在达到巅峰后不到一年，两人又分道扬镳了。

尽管我与赫尔曼关系密切——几个月来一直是我在 CSFB 负责为赫尔曼提供服务，但我能否加入道森公司还不好说。我还得接受道森的面试。记得我一落座，他便抛出了一连串问题，大多数是为了搞清楚我到底是一个怎样的人，他对我是否符合分析师的要求倒不是十分在意。我是哪里人？父亲是做什么的？为什么会在耶鲁打冰球？为什么想干对冲基金？他是在解读我，而不是在面试我。坦白讲，我已经记不清楚当时是怎么回答的了，但我确实记得那天晚些时候赫尔曼告诉我道森对我的看法。当时我正在回纽约的火车上，赫尔曼打电话和我简单地说了说。

“嘿，基思，乔恩觉得你一点儿也不懂投资。他说他觉得我们雇用你是在冒险。不过他对与你的会面还算满意。他说他认为你赢了。”游戏开始了。

我捞到了一个初级分析师的职位，负责为赫尔曼的绍斯波特千禧基金（初募规模 1.2 亿美元）提供支持。我获得了六位数的底薪，还能根据千禧基金年度表现分奖金，最高能与底薪相同。

我加入对冲基金的时候正是技术股泡沫破裂前后。CSFB 显然没有对此做好准备。在赫尔曼给了我录用信之后，我找到我的上司凯勒，向他表明我的想法。他开出了诱人的条件挽留我：我将快速升至经理级别，不必等拿到 MBA 之后——送分析师（入门级别）去读 MBA，然后提拔为经理是 CSFB 的惯例。我的底薪也将增加至近十万。出于对待我不薄的凯勒和费拉罗的尊重，我答应再考虑一下。但第二天我还是离开了 CSFB。凯勒和费拉罗都向我表示了祝福。

道森-吉安马尔瓦纽约办事处的节奏没有 CSFB 交易室那样快，办公环境则没有绍斯波特总部宽敞。这里的办公室又小又普通，让人回想起大学时代，这里充满着投资新思维。不过，和谐的气氛偶尔会因赫尔曼大发雷霆而打破。

我的座位紧靠在赫尔曼背后。我们俩经常讨论股票——一个前仰，一个后合，从某些角度看起来像是在接吻。事实上，类似的传闻真的有，不过我不在乎，因为我从赫尔曼那里学到了很多东西。我俩外侧是一对分析师——能源股专家“康科”凯文·康科维奇（Kevin “Comco” Comcowich）和研究医疗股的汤姆·托宾(Tom Tobin)。康科来自夏威夷，几年前就加入了公司。汤姆是新英格兰人，前达特茅斯生物化学博士候选人，以前在斯图尔特公司（W.P. Stewart）当初级分析师，最近才刚刚加入公司。另一间办公室的主人是科技股团队的杰夫·格罗斯和达里尔·琼斯。

大部分对冲基金都仿照朱利安·罗伯逊的老虎基金的模式，分析师团队覆盖所有板块，为投资组合经理提供投资建议并追踪头寸。投资组合经理则拥有交易决策权。表现最好的分析师可以成为投资组合经理。

很快，赫尔曼指派我跟踪消费和零售板块。他没有告诉我为何做如此安排，但我很快就查出了端倪——消费和零售板块是最容易上手的板块。我没有 CFA 证书，而我在 CSFB 的“分析师”头衔是个名副其实的“头衔”。**连锁餐馆、赌场、酒店公司、鞋铺、衣帽店，这些东西从研究的角度看没什么区别，只要紧紧盯住销售数字就行了。**零售商要么在扩大市场份额，要么在缩小；收银机要么在嗡嗡作响，要么躺在那里睡觉。

每个月的第一个星期四，我的战役开始打响。这一天，零售商会公布前四周的同店销售额数字。“同店销售额”（same-store sales，指开张一年以上、从而能够提供同比数据的单体店铺的销售额）这个词已经深深印在了我的脑子里。

为了了解一个季度的业绩究竟会如何，我时刻关注同店销售额数字和过去的报表，据此做出推论，并通过向管理层旁敲侧击来刺探我的推论的虚实。然后，我会把获得的所有信息嵌入精心设计的预测模型中。赫尔曼不仅给我分配任务，还要求我有自己的想法。他让我放手去干，为他刺探尽可能多的零售业消息，而且对我深信不疑。

许多对冲基金的风格是成长加动量①，但道森更多地采取价值驱动的投资风格，同时也寻找超卖股——那些受某种力量推动反弹在即的股票。我们将这种做法称为“价值加催化剂”（value with a catalyst）。我们不依附于任何教条。道森和赫尔曼的投资风格不要求事无巨细，他们擅长直观地看待事物。赫尔曼，这位绍斯波特千禧基金的灵魂人物，习惯将待选股票一一列出，然后用各种标准筛选出正在获得动量并即将迎来业绩爆发的公司。而将同样的方法反着用就能识别出业绩正在走下坡路的公司。**“干我们这一行，所有的奥秘都在利润中。”**赫尔曼经常重复着道森这句永恒的名言。

如果一家鞋业公司同店销售额同比增长率在一季度为10%，但第二季度掉到了8%，那么，早在这条消息被公布之前，那些对得起高昂管理费的对冲基金就抛弃这只股票了。而如果一家公司在某一季度遭受1 400万美元损失之

① “成长”指企业性质较为年轻、规模较小的公司。“动量”指股价处于上升趋势中。道森的方法是价值加催化剂，“价值”指财务状况稳健的公司（以大型老牌公司为主），“催化剂”指发生能够推动股价的大事，如业绩大幅增长。——译者注

后，下一季度的损失预计将减少为 1 200 万，那么率先知道这一跌势减缓的消息就有着决定性的作用。

我们办公室里常说的一句话是：**“轧平空头头寸要抢在‘很烂’变为‘烂’之前。”**

为了弄清楚利润会发生什么变化，赫尔曼无时无刻不在处理数据、阅读资料。他跟踪市场的方法更像个老派股票作手，这种风格在算法交易和麻省理工程序员主宰市场的时代已经快要绝种了。（尽管，LTCM 的大溃败表明，新风格才是注定难逃悲惨命运的。）

不知道为什么，赫尔曼从不用电脑程序做交易。我永远忘不了某天在他的办公室里看到的情景：他拿着一张白纸在电脑屏幕前比划，好像在用它做计算尺测量一组收盘价数据。我这个什么都不懂的加拿大人还以为他在干嘛呢，难道是在遮挡屏幕的光？他觉得这光令眼睛很难受？很快我意识到他是在专心致志地用自己的方法研究一家公司是处于强上加强还是弱上加弱的阶段——名副其实的图表专家或技术分析师惯用的方法。赫尔曼教导我，**收盘价是市场分析的终极驱动因素**。这一点我从来不敢忘记。

当赫尔曼研究一个股票时，他会从一切角度了解这只股票的所有情况。谁买了这只股票？以这只股票为标的的期权价格是多少？谁拥有这些期权？如果他找到值得挖掘的材料，就会让我或者其他板块的某位分析师跟进。他充分利用华尔街资源参加投资者会议。他是玩投资游戏的行家里手，他的导师可是最好的投资者。

格罗斯和道森传授给他的惯用方法是这样的：**你要比所有人参加更多的管理层见面会，建立最好的模型，这样才能预测盈利。**你既要有大致框架（将关键业务推动因素嵌入其中，比如营业利润、预期销售额等），又要参加一切一对一见面会，最好是和首席财务官或首席运营官见面，向他们提无数个问题，什么都要问到，这样才能掌握一切，知道这家公司是否能达到预期数字。这就是你赚取你的“2 + 20”[①] 的方法。

我从康科那里学到了如何建立模型。他是我见过的最擅长创建 Excel 数据表并用正确的数字将其填满的人——这些数字包括相关数据点、各种因素、输入变量，我是说大量变量，其中既有标准变量，也有他的独门变量。他和托宾是热心的邻居，总是愿意教我一些关于 Excel 的技巧，当我遇到麻烦时不厌其烦地告诉我基本电子表格知识——在我入职后的最初几个月里，这种情况经常发生。**建立模型既是科学也是艺术，如果你能正确建模，你就能得到精确到几分钱的“数字”，比如每股收益、总收入之类。**

许多华尔街批评家认为股市已经沦为收益数字操纵游戏，管

① 如前文所述，对冲基金通常收取两种年费，一种是固定管理费，通常是资产管理额的 2%；另一种是表现费，通常是利润的 20%，合称“2+20”。实际上，多年来流行的费率一直是“1+20”，这意味着以前的对冲基金经理收取的年费要比现在便宜。绍斯波特千禧基金比较特别，费率是“1.5+20”。——作者注

理层控制着华尔街对数字的预期。当然了，有些伎俩屡试不爽，尤其是在披露规则改变以前。但我可以发誓，我从来没有收受过什么好处，除了那几箱酒。当《公平披露规则》于2000年第四季度生效后，要从首席财务官或首席运营官嘴里套到点儿东西就不那么容易了，但也不是不可能。**没有人会告诉你“数字”（他们不能这样做，在新规则下，这会被认为是内幕交易），但如果你有适当的模型，而且可以从管理层的话中正确地揣摩出关键的数字，比如相对历史利润率的当季利润率暗示，你就有可能拨开迷雾，看到本质，至少相当接近本质。**有时候，一对一会面中得到的一点点蛛丝马迹就能使你做出有意义的预测。

道森是一对一会面这个领域的宗师级人物，他总是准备得非常充分。他有一个法宝：事先准备一个信息记录包。这本没有什么特别，没有人在走进会议室时不带个装满要点、图表、模型和年报的记录包的。但道森的过人之处在于他可以准备到事无巨细的地步，并在会面中显出一副无所不知的模样，好像比对方的首席财务官都要了解公司内情。

公司高管们最喜欢与了解他们业务的人打交道。你可能已经想到了，管理层大多是些不好对付的人物，但道森在一对一会面中是无所不能的，他问出的问题完全不像是在照本宣科。他的提问功力深不可测，知道如何步步深入，不会被管理层漫不经心的答案引入歧途，偏离原先的提问轨道。

在我加入公司之前和道森有过面对面的对话，他拥有一种可怕的读人术。但坐在管理层面前时，道森却显得很内敛，一点都不张扬，完全是一副长者形象，让 CEO 们一望便知他有着巨大的购买力和对冲基金人脉，能够在股市上翻云覆雨，捧杀或棒杀你的股票都易如反掌。道森会问令管理层措手不及的问题，并观察对方现场思考时的表情。这样，他通常能套取想要的信息。

我的第一批研究任务之一是调查游戏行业，就是在任天堂游控制台上玩的那种家庭游戏。我研究的公司中有一家叫中途游戏公司的（Midway Games，纽交所代码 MWY），其历史可以追溯到街机和弹球机刚刚兴起的年代。中途公司原是巴利公司（Bally）的一个部门，后来单飞独自创业。其游戏软件部门叫做中途家庭娱乐（Midway Home Entertainment），《真人快打》（*Mortal Kombat*）和《暴力拳击》（*Ready 2 Rumble*）就是该公司的产品。它家的游戏卖得十分火爆，不知道现代文明是不是因此堕落了不少。在 2000 年下半年，虚拟暴力游戏似乎前景大好。

一天下午，善于交际的中途公司 CEO 尼尔·尼卡斯特罗（Neil D. Nicastro）来到我们公司，与我谈论季度业务进展情况。他的一举一动使我非常好奇，这不仅仅是因为他在走进我们公司的时候嘴里叼着一根雪茄。在与他进行了一番交谈之后，我卖空了这只股票。

还有一只零售股，我在 2000 年至 2001 年夏天一直都在密切跟踪。它的名字叫 Pacific Sunwear（纳斯达克代码 PSUN），是一家位于加利福尼亚州阿纳海姆的零售商，主要销售冲浪衣、太阳镜和沙滩裤。但这些海滩装备在美国内地卖得动吗？这个想法现实吗？

每个主要板块都有自己的交际圈，我也开始加入其中。这种聚会通常由某个主要投资银行的分析师主持，比如弗兰克·夸特罗内和 CSFB 在亚利桑那州斯科茨代尔腓尼基饭店举行的大型技术股会议——那里有高尔夫球场，有晚宴，分析师和管理层以产业趋势专题研讨会的名义把酒言欢。所有的银行都举办类似的聚会。有的板块，每个大银行都会举办聚会，零售板块就是其中之一。雷曼兄弟公司每年春季举行的零售业会议是其中规模最大的。这种聚会上通常能见到很多家喻户晓的公司的管理团队。

2001 年春季，在一次聚会上，我正好坐在 PSUN 的首席销售官蒂莫西·哈蒙（Timothy Harmon）身边。这是个乐观的家伙，长着一头卷发，我私底下给他起了个绰号叫“卷毛”，没有不敬的意思，只是为了自娱自乐。他和我与另一位对冲基金分析师碰了头（这叫做“二对一”会面）。从他的话中我觉得 PSUN 的二季度销售额（该公司上一个财年结束于 2001 年 2 月 4 日），可能不是一般的好。和我一起的对冲基金分析师都认为 PSUN 前途一片光明，或者说我们都认同我们所听到的东西。我现在觉得 PSUN 可能在整个酒会中都在散布利好消息。“我们喜欢 PSUN。”一家对冲基金分析说。“我们也喜欢他。”另一家附和道。

对冲基金很注重隐私，总是竭尽全力避开公众视线。但要说对冲基金整天神秘兮兮的，那其实是在撒谎。**许多对冲基金经理喜欢与人分享观点，也喜欢复制其他基金经理的观点，因为抱团能够推升股价，形成某种自我实现的预言，CEO 就喜欢这东西。**还有谁有这只股票？这是很多对冲基金首先要问的问题。这种纽约与康涅狄格对冲基金圈相互提携的潜规则有时被称为“对冲基金黑手党”（hedge fund mafia）。

我完全沉湎于自己的“研究”，开始在公司晨会上大力宣扬。在我的推荐下，道森和赫尔曼都买入了 PSUN——在其 5 月公布第一季度业绩之前。他们想从我口中确认的是：“PSUN 能达到它预期的数字吗？”“是的。”我回答说，我刚刚与管理层会过面。我发现，**如果你想引起对冲基金投资组合经理的注意，只要告诉他你刚刚与管理层会过面就可以了。**

在我和卷毛会面之后大约一周光景，PSUN 发布公告：首席运营官辞职，开张至少一年的店铺在截至 5 月 6 日的四周中销售额同比下降了 4.1%。PSUN 主席兼首席执行官格雷格·韦弗（Greg Weaver）在公告中称：“4 月着实令人失望。”PSUN 股票遭遇重创，道森和赫尔曼开始质疑我的推荐。但由于我刚刚和管理层会过面，我反驳说这只股票看上去状况依然良好——利空已经出尽，业务正在上行，第二季度他们能做得更好。第二季度的数字一定是同比增长的，PSUN肯定会大放异彩，我保证。

7月下旬的一天，我正准备在全公司面前做每日晨会发言。我知道我又会被问到PSUN，因为其6月的销售数字出来了。路透终端上跳出的警示让我心里一紧：PSUN没有达到它预期的数字。销售额出现大跌。股票也遭遇抛售狂潮。

电话响起，是道森打来的，他十分光火。在挂电话之前，我听到他朝交易员喊道："卖！"他在割肉。我觉得自己像个蠢货。

那一天，PSUN在开盘价的基础上下跌了2.5美元。我们在几周前就大量买入了这只股票。卷毛耍了我。通过这件事我学到了两点：

> 第一，股价从不说谎，说谎的是人。
>
> 第二，如果你照着与其他人都相同的想法行事，如果你将流行的共识混同于踏实的研究，你必将付出沉重的代价。

我被误导了，被对冲基金综合征击中了。但赫尔曼和道森从来没有将PSUN上的大败归咎到我头上，我们也没有因此一蹶不振。他们给了我犯错的机会。正如我的偶像韦恩·格雷茨基所言，"如果你不射门，那么100%得不了分。"

格雷茨基的话当然是正确的，但在对冲基金界，射歪几次门通常意味着业绩将变得非常糟糕。

2000—2001 年间，我目睹着我的前耶鲁冰球队队友达里尔·琼斯和杰夫·格罗斯的绍斯波特技术股合伙基金在苦苦挣扎。在我眼里，作为一名分析师，琼斯至少要比我强上一倍。他天赋高，工作起来也是一丝不苟。但他的技术股基金正好发布于泡沫期的顶峰。很快，市场崩溃了。他们在 2000 年夏天的反弹中被诱入场，不断向下加码以摊薄成本，结果遇上了市场的彻底崩溃。到 2001 年夏天，纳斯达克市场已经跌得惨不忍睹了。① 最终，绍斯波特技术股基金被关闭，琼斯也离开公司前往商学院深造。

不管是在耶鲁冰球队还是在公司，琼斯都是我周围最勤奋的人之一。他和格罗斯把一切都做到了最好，但这一点用都没有。我还能指望什么呢？

在那一刻，我认识到，对冲基金业与工作态度或基本原理一点关系都没有。在这里，业绩就是一切，其他都是浮云。

绍斯波特技术股基金的失败使我在整个 2001 年夏天都感到焦躁不安。但与其他人一样，“9·11”事件的发生更加使我深受震撼，我开始反思我的整个世界观。

① 纳斯达克综合指数于 2000 年 3 月 10 日见顶，当天收于 5 048.62 点。此后，纳斯达克指数一路下滑，当年年末跌至 2 470.52 点，到 2001 年 4 月又进一步下跌至 1 638.80 点。2001 年年末，纳斯达克指数收于 1 950.40 点。——作者注

2001年9月10日至14日，我、道森和公司的一位高级分析师乔治·拉古埃（George Larguay）一起前往旧金山参加美国银行年度证券投资会议。多年来，这个会议一直由主宰西海岸技术公司投行业务的蒙哥马利证券公司（Montgomery Securities）举办。1997年，蒙哥马利证券公司被美国国民银行合并，1998年又再次与美国银行合并。但不管这个会议的名称如何变化，这一湾区盛事如同狂欢节，增长股投资经理和公司高层在这里面对面交流增长神话。我们公司在做多头时更注重价值，但我们仍然不放过类似的聚会，因为兴许可以从中抓几个下半年的做空对象。我们有许多机会与出席聚会的上市公司高管交流。

在华尔街，技术股股灾之后的大事件是电信股地震，巨头公司——世通、奎斯特通讯（Qwest）、环球电讯（Global Crossing）一个接着一个倒下，就连美国在线时代华纳和美国电报电话公司也在酝酿合并。9月11日星期二，美国在线时代华纳主席巴里·舒勒（Barry Schuler）将在旧金山丽兹卡尔顿饭店发表午餐会演讲。当然，午餐会最后没有开成。

在星期一，我先是参加了与米高梅和喜达屋高管的会面，然后飞跃整个美国来到旧金山。到了晚上，我已经累得不想动弹了。我将闹钟定在凌晨2点30分，这样我就有时间为5点30分（都是西部时间）的晨会[①] 发言做好准备了。我坐的飞机有些晚点，我又在飞机上喝得摇摇晃晃，因此几乎一沾枕头就睡着了。2 点半我起身望向窗外，整个饭店一片漆黑。有几次在西部，这个时间起床我能看见一些东西——东方欲晓，夜晚逐渐让位于黎明。我特别喜欢这种感觉，比全世界起得更早的感觉。

9 月 11 日早晨，我打开 CNBC 频道，开始为晨会记笔记。当时我正在研究赌场股，认为按照我们的价值加催化剂模式，米高梅公司（纽交所代码 MGM）是最佳选择。老虎机制造商国际游戏科技公司（纽交所代码 IGT）也是我关注的对象。我看好整个拉斯维加斯板块，对整个赌博业也持乐观态度。发言完毕，我终于松了口气，开始看电视。CNBC 插入了突发事件直播——世贸中心北楼冲天的黑烟。几秒钟内，公司的晨会就从激烈讨论变成了鸦雀无声。接着，第二架飞机也撞了上去。我们在电视里看到了现场直播。这时正轮到拉古埃发言——他和我一样一边在丽兹卡尔顿的房间里通过电话参加晨会，一边看着 CNBC，他停止了他的财务演说，说道："好吧，伙计们，这不是意外。"晨会到此为止。大部分纽约人都跑出了办公室。他们都惊呆了。我也惊呆了。

我当时脑子里一片空白，唯一想做的事就是逃离旧金山。我害怕金门大桥是下一个袭击对象。我与我的耶鲁老友迈克尔·布卢姆取得了联系，他当时在湾区为一个刚刚起步的网络公司效力。

① 指康涅狄格州绍斯波特道森 - 吉安马尔瓦公司的晨会。——译者注

他驱车前来接我，然后沿着他事先研究好的地震逃生路线一路狂奔驶离旧金山。我无法用电话联系到任何人——我想打电话给父母报平安，要不然他们会担心我当天正好呆在世贸中心。我们沿着海边的1号高速公路飞驰，一口气开到了160公里之外的蒙特雷。在那里我们遇到了达里尔·琼斯，他是从洛杉矶的一个技术股会议上逃出来的。我们在那里待了几天，然后我又回到丽兹卡尔顿酒店，在那儿惊魂未定地又待了一周。我们搭不到飞机，只能在那儿胡思乱想这世界究竟怎么了。在我们等待市场重新开盘期间，仍旧照常召开晨会。道森也在晨会上发了言："我被困在了一个鸟不拉屎的地方。"他在电话里说，然后让我负责结清丽兹卡尔顿饭店的账单。

我在想，这是怎么回事儿？在一开始的几天，一切都乱了套。我寸步不离电视机。接着，我逐渐镇定下来，开始思考这意味着什么？我所爱的和所关心的人在这次事件中均毫发无伤，对此我深感欣慰。和许多人一样，我开始了精神反思，也不知道能反思出什么东西来。

最终，在整整一个星期之后，我终于搭上了回程班机（至今我仍随身携带着这次航班的登机牌）。一路上，我仍然在想，究竟发生了什么？我对此有什么感觉？我会有所改变、勇往直前吗？让我深感震撼的是，无法预料、不可想象的事件真的发生了。

没有人预见到灾难正在降临。我整天瞎操心这个公司、那个公司，却从未从更高的角度——比如地缘政治之类的角度思考过。我不仅是只见树木，未见森林，甚至我眼中的树木也只是树皮而已。我不能预见类似“9·11”事件的发生，我做的那些研究又有什么意义？如果我不能看见无法预见之事，世界上的那些会议和模型就没有任何用处，那我的工作的意义在哪里？

我决意致力于宏观研究与风险管理。这两个概念在后 LTCM 时代的对冲基金业相当流行，但我和其他很多人对此持保留态度。我从来没有花过哪怕一秒钟考虑过我会亲眼目睹类似“9·11”事件的发生，要是我今后依然不能致力于搜寻灾难即将到来的信号——再也没有什么“不可思议”的事情了，那我还是买块豆腐撞死算了。我会将考虑他人未考虑事的作为我职责的一部分。

在与我们公司的能源研究员康科和吉安马尔瓦（顺便说一句，他不仅是世界级交易员，也曾是有全球排名的职业网球选手）的共事中，我开始向他们学习宏观分析。宏观分析在原油交易中至关重要。在我研究的行业里，数字公布就像发条一样有规律。我不必关心尼日利亚劳资纠纷或是上海人口变化之类的因素。至少我认为我不需要关心。**在冰球场上，当我们的对手放慢节奏，意欲采取肉搏防守战时，我们就得据此做出调整，采取合适的应对策略。**继续采用大开大合的闪击战在这种情况下有害无益。你会因此吞下失败的苦果。

现在，我也需要根据情况做出调整。

2001年9月17日，星期一，市场重新开盘。在我的建议下，赫尔曼开始买入他所谓的“战备”股，包括消费股、国防股和保安股。

大多数人都在为下一次袭击未雨绸缪，但我们从交易对手方的角度来看这个问题，即采取不可能存在下一次袭击的观点来分析问题。我们的分析建立在对基地组织过去所作所为了解的基础上，他们策划一次大动作需要好几年。但是，由于地缘政治的不确定性，市场仍然出现了大跌，航空股更是成了重灾区。整个10月，美国开始了对阿富汗塔利班的轰炸作战，而市场波动剧烈。11月，市场出现反弹，但随着12月安然丑闻的爆发又再次大跌。但到年底，我们的主要投资大多收获颇丰。赫尔曼和我的风险管理水平也达到了新高度。

2002年初，我开始做交易。赫尔曼让我管理绍斯波特千禧基金的一个“子”基金（carve-out，即分出基金的一部分资金由我来做交易）。尽管这是非正式的，不用审计业绩，也仅占整个基金的很小一部分，但也有好几千万美金呢。坦白讲，突然有了大笔资金供自己支配，我既有点紧张，又有点激动，但这样一个真刀真枪的机会如此真实地摆在了我面前，我感到更多的还是振奋。我有了自主决定交易的权力，我的收入将和我的盈亏状况挂钩。我可以赚取真金白银了，说不定有几百万呢。是骡子是马，是时候拉出来溜溜了。

DIARY of A HEDGE FUND MANAGER

第6章 对冲基金的盛宴

有时候，有的基金经理可以为自己一年的劳动开 10 位数的薪酬。这种情况不仅仅发生在纽约。对冲基金在各大资金中心源源不断地冒出，经理越来越年轻，各路资金对他们越来越趋之若鹜。运营一个几十亿美元的对冲基金，然后往自己的口袋里装进几千万，正在成为新的华尔街梦。

事实证明，**资金管理的奥秘就是有资金可管**。有了赫尔曼绍斯波特千禧基金部分资金的管理权，我的工作时间更长了，工作强度也更大了。我起得更早了。从前，我一般5点半起床，但现在将起床时间提前至4点45分左右，再晚也不会超过5点。我出差也更多了，我出席更多的会议，参加更多的管理层会面，我成了空中飞人。2002年，我大概参加了200次管理层会面。两年后，我的纪录提高到256次会面。我全身心地关注着市场（不光关注我自己的那个小板块）。我阅读一切材料，报纸，杂志，传记，还有白皮书，只要能获得更多关于我无法触及的世界的知识，挑战我原有的观念，就多多益善。我用各种会议上拿来的免费帆布袋装满各种材料，在飞机上如饥似渴地阅读。**我的冰球哲学发挥到了极致。我坚信拼命工作必定能够使我脱颖而出。**

不过，最重要的还是我讨厌犯错误。我对失败深恶痛绝。

在我独立交易的第一年，也就是 2002 年，市场总体状况很差，我们的工作非常艰苦。但到了年底，我们仍旧实现了连续三年获得正回报。现在想来，能取得这样的成绩真是万幸。**在熊市中能够获得正的绝对回报实属不易，但我始终觉得，对冲基金达到这样的水平是应该的，要不然怎么对得起所收取的高昂费用呢。无论如何，失败没有任何借口。**

大多数共同基金投资组合经理都会抱住基准指数不放，因此这个行业有个“指数壁橱”[①]的别名。基金经理们构造的投资组合与作为他们比较基准的指数差不多——不论是小盘股的罗素 2000 指数还是中盘股的标准普尔 400 指数，哪怕这意味着负回报也不要紧，只要不比基准表现还差就万事大吉。即使真的表现不佳，也有充足的理由。

① 美国家庭一般都有个大壁橱，可以放各种东西，很多美国家庭看起来整洁光鲜，实际上是把凌乱和肮脏全部关在了壁橱里。很多基金的投资策略也是这样，看起来在“精选”股票，其实仔细观察其持股情况就会发现，它们只不过是在复制指数，于是被称为“指数壁橱”。——译者注

后科技泡沫、后“9·11”、后安然时代的市场“跌跌”不休，连续的下挫使人们深受精神和物质的双重打击。2000年8月，标准普尔500指数稳稳地站在1 500点上方。随后，科技泡沫开始破裂。科技股的暴跌和现金流的不堪一击演变成一场大崩盘。财务丑闻一个接着一个曝光。在短暂的反弹之后，标普500于2002年7月跌到了800点以下。

那年夏天，泰科公司（Tyco）CEO,《商业周刊》的2001年最佳经理人25强之一丹尼斯·科兹洛夫斯基（Dennis Kozlowski）因逃税被曼哈顿区检方提起刑事诉讼。随之而来的是更多的公司违法行为，比如撒丁岛宴会和贵得离谱的浴帘。[①]一些美国工商界的高管两面三刀，在公众和分析师面前摆出一副道貌岸然的样子，背地里却在大搞移花接木和瞒天过海。会计人员与审计人员也在为虎作伥，在虚假的财务报表上签上大名。在公众对工商界与华尔街的强烈反对情绪下，43岁纽约州总检察长艾略特·斯皮策（Eliot Spitzer）——当时他正雄心勃勃地追求连任，不动声色地将带偏向性的投资银行研究业务及其共谋共同基金和对冲基金，列入了他的“镇压”名单中。破产后的强制清算期正在遭受千夫所指。“9·11”后遗症正在全面发作，整个美国都处在战备状态，

① 前泰科国际公司（百慕大）CEO丹尼斯·科兹洛夫斯基第一次被起诉是在2002年6月4日，罪名是与美术馆和艺术顾问合谋逃避价值数百万美元的艺术品的销售税（据纽约地方检察办公室网站）。次年9月，科兹洛夫斯基又与两位泰科公司高管一起被起诉，罪名是更加严重的企业腐败和挪用公款，他们的做法是未经授权便发放奖金以及隐瞒董事会挪用贷款（这些贷款从未被偿付），金额高达1.7亿美元。调查中发现的科兹洛夫斯基盗用公款的细节如下：为其第五大道公寓女佣房购买的浴帘，花费6 000美元；为妻子凯伦（Karen，后与科兹洛夫斯基离婚）在撒丁岛举办生日派对，花费200万美元。科兹洛夫斯基于2005年被判有罪，判处最低8年零4个月监禁。——作者注

世界经济笼罩着一层阴影。

虽然我的主项是消费零售行业，但我经常被其他候选黑马公司所吸引，高抛低吸。对于黑马股，我买入并长期持有，同时，我也做一些短线卖空操作（借入、卖出、轧平、了结；借入、卖出、轧平、了结；如此反复），以控制集中多头持股的风险。道森总是说，买入复苏受益股。后来，我们一致同意，复苏迟早会来。**我了解商业周期，也知道总体经济活动会从萎靡不振变为略显清淡，最终重现繁忙。**

根据这一逻辑，我向公司推荐了史泰博（Staples，纳斯达克代码：SPLS）。该公司的管理层是留给我最深印象的管理层。

> 这家位于马萨诸塞州波士顿城外弗雷明汉（Framingham）的办公用品提供商的高层十分平易近人。其首席财务官约翰·马洪尼（John Mahoney）看起来像个蓝领工人，让我想起了我的父亲，他身上没有一点 C 字头人物那种司空见惯的伪善。其管理团队给我的印象是实在，从不玩什么记账把戏。

我对公司所有者说，史泰博是我眼中多头仓位的不二之选。为了支持我的判断（我得对冲，你懂的），我卖空了 Office Depot 公司。2002 年 7 月下旬的一个星期五，我告诉赫尔曼，我认为在经历了网络疯狂、恐怖袭击、公司欺诈、经济衰退等重重折磨之后，股市正在酝酿反转。史泰博的股价（14~15 美元）只相当于我对其现金流估计量的 6 倍，显得相当便宜。纽约对冲基金黑手党间有一句流传甚广的话：空仓不可靠，迟早得轧平。在赫尔曼的支持下，我加倍了我的多头仓位。秋季，市场开始重拾涨势。史泰博到年底时已涨到了 18 美元，最终涨到 27 美元。我选出了一只大牛股。

我尝到了自主决策的甜头，这是我短暂的金融生涯以来最为得意的时刻。20 世纪 90 年代至 21 世纪初，对冲基金就是这么做的，这也是对冲基金业在这些年以及随后几年蓬勃发展的原因。典型的多空股票策略受到规模限制（最多只能达到 10 亿 ~20 亿美元的规模，尽管有的对冲基金对此不屑一顾，总是拿着公众的资本和自己的前途冒险，但那是因为它们对保证收益很有把握），做得太大会极大地损害灵活性。**没关系，优秀的基金经理会去招募最好的新人，投钱给他，让他实现自己的想法。他们也训练年轻后生，密切关注其中的佼佼者，把宝压在他们身上，对他们说，伙计，放手去干。可以使用杠杆，可以做空，让你的“好主意”大显身手吧。**

有的年轻人被市场的汪洋吞噬，有的则从中钓到了大鱼，获得了两位数的收益，于是有机会运作更大数额的资金，直到有朝一日挂出自己的招牌。

朱利安·罗伯逊的老虎基金管理公司中就诞生了大量

的徒子徒孙，多达三四十人，这一群体后来被称为“老虎俱乐部”。他们中有安德里亚斯·哈尔沃森、史蒂芬·曼德尔、克里斯·沙姆维（Chris Shumway）、保罗·杜拉基、德怀特·安德森，他们每个人都拥有了自己的对冲基金，治下资金规模从几千万美元起步，先是增长到几亿，最终成为数十亿美元的巨无霸。

虽然罗伯逊本人不再为其他人打理资金，但他在101公园大道的办公室仍旧为老虎公司的年轻员工即新一代“小虎”提供立足之地，让他们运作新的老虎基金。他们中有老虎科技基金（Tiger Technology，现称老虎全球管理基金，Tiger Global）经理切斯·科尔曼（Chase Coleman）、虎鲨管理公司（TigerShark Management）掌门人汤姆·法乔拉（Tom Facciola）和迈克尔·西尔斯（Michael Sears）。

这样的对冲基金家族树并非罕见。道森在20世纪80年代聘用了萨姆伯格，萨姆伯格又在20世纪90年代培养了本顿。2001年，本顿单飞，创建了自己的公司安德尔资本公司（Andor Capital），他又在培养一名叫克里斯·詹姆斯（Chris James）的新人。**对冲基金雇用最好的分析师，将最优质的资产交给其中的佼佼者打理，如此代代相传。**

我也处于这条生产线上。我雇了一位卖方员工来协助我跟踪零售业。他的名字叫哈里·施韦费尔，来自泽西岛，是哈佛冰球队队员。他工作努力，善于倾听，以前在贝尔斯登王牌运输业分析师埃德·沃尔夫（Ed Wolfe）手下效力。他脑子比我好使三倍。开始时，他向我进行报告，但不久以后，我便不把他视为自己的下属，而是投资分析上的同门。如果投资银行面对对冲基金蓬勃发展之势不得不提高薪水来留住优秀员工，那么像哈里·施韦费尔这样的人才被成立仅仅三年的绍斯波特千禧基金从贝尔斯登手里挖走肯定是原因之一。**人们离开华尔街未必是为了钱，而是为了未来赚更多钱的机会。**

被道森寄予厚望的赫尔曼成绩骄人。从2000年起步直到2003年年底，绍斯波特千禧基金4年累计收益率高达137%。我的“部分”也为这一数字出了些力。

我虽然不是保罗·都铎·琼斯，但有了这些年的经验，我已能将投资、风险管理和宏观分析的科学与艺术结合起来，形成赚钱的决策。我观察市场，把一切都以日记形式记录在我的笔记本上。渐渐地，我发现，要是我记录了什么东西，我就能记住它，并运用它。我是一个不轻易改变习惯的人，我一直在使用我在CSFB使用过的那种大理石花纹封面的硬皮笔记本。

我的笔记本就像是日常事务仓库，我发现的任何有意义的东西都会记录在案。在这方面，我甚至有些强迫症。我将日记按周和月用彩色标签标明，并时不时地回顾以前的日记，为的是将基本面或微观研究（就是那些资产负债表上的数字，它们是树林中的树上的树皮）与对整个树林的观察结合起来。这样的狂热出现在我认识到宏观概念的重要性之时。

比如，在中国发生的事情就十分重要。中国人以怎样的速度为美国人制造商品？他们自己的消费水平又如何？这些问题的答案使我了解到，中国需要原材料，比如铜。而铜，我进一步推理，总得有个来源。于是，尽管我的主业是零售板块，但我开始跟踪矿业股。一开始，我只是做些研究。但到了 2003 年，我还争取到了买入一些矿业股的权限。但不论我如何论证我的想法，提到矿业股，道森心里想的总是 Bre-X，臭名昭著的加拿大矿业公司。① 1997 年，它导演了历史上最大的骗局之一。

道森和赫尔曼要我管好自己的三分地，而我也没有令他们失望。2003 年，我又挑出了几只股票。我认为宏观大势对它们十分有利。

麦当劳（纽交所代码：MCD）是我的最佳战役之一。我以 10 美元出头的价格吃进了大量麦当劳股票，它们最后涨到了 30 美元。我还买入了耐克（纽交所代码：NKE），这也是一笔成功的投资。

在我的职业生涯中，我一直在买入耐克。我密切追踪这家由菲尔·奈特（Phil Knight）掌舵的位于俄勒冈州比弗顿（Beaverton）

① Bre-X 矿产公司位于艾伯塔省卡尔加里，是多伦多证券交易所的上市公司。1996 年，该公司捏造新闻，称其在印度尼西亚婆罗洲的热带雨林深处发现了价值数十亿美元的金矿，其股价应声上涨。1997 年，Bre-X 的一名地质学家离奇死亡，死因是从直升飞机上摔下（有人说他是自己跳下去的，也有人说他是被人推下去的）。谎言随之被戳破，其股价跌得一文不值。Bre-X 欺诈案造成投资者数百万美元损失，也是迄今为止加拿大历史上最大的证券欺诈案。——作者注

的世界鞋业巨头，这使我与摩根士丹利分析师布莱恩·麦高夫（Brian McGough）成了好朋友。麦高夫是世界上最了解耐克公司的人，也是我见过的罕见的、值得信任的卖方分析师。麦高夫甚至一度成了耐克的投资者关系部门员工，后来又干过多种不同的金融工作，但最后还是回到了摩根士丹利。

赫尔曼和我也看好赌场业的整合。凯撒娱乐公司（Caesars Entertainment）和曼德勒海湾酒店（Mandalay Bay）分别被哈拉斯（Harrah's）和米高梅合并。

为了求稳，我只进行基点[①] 交易。也就是说，如果我想加大史泰博的仓位，我不会告诉交易员说给我买入多少股，而是说“给我买 25 个基点的 SPLS。”意思是买入相当于现有头寸的四分之一个百分点的史泰博股票。这样一来，我就不会有一下子花掉多少美元的概念了，尽管一个基点也相当于好几千块钱呢。于是，具体的美元或交易规模就不会影响到我的交易决策，**因为对交易情况了解得越细致，你就越容易动怒，尤其是当你的头寸走向对你不利时**。不过，实事求是地讲，即便是在我交易生涯的早期，盈利或亏损的绝对数字也没有对我造成过多大影响。

对我来说，投资就是一场每日竞赛，得分标准非常简单：是市场领先我几个基点，还是我领先市场几个基点。我的目标是不论大势如何，我都能战胜市场。我听说过有时刻跟踪净财富增长、一毛钱也不放过的投资组合经理，也听说过有仅仅因为听起来有

① 一个基点即一个百分点的百分之一。“基点”这个术语最早用于债券收益率，现已成为金融界常用词，用来精确描述任何金融工具价值的百分比变动。——作者注

气势而喊出“给我买 200 000 股”的投资组合经理。每个人都有自己的交易风格，而我喜欢进行基点交易。

大多数情况下，我的交易指令都是在路上下达的。我是个会议动物，因为在一次会议上我往往能见到我所跟踪的大部分甚至全部公司的管理团队。当然了，我也时刻准备着声称“我刚与那帮家伙碰过面。”

在我们这一行，大家都竭尽全力追求研究优势，一条来自管理层、真实而最新的消息就是分析师引以为傲的东西，也是投资组合经理的利润来源。

2003 年，我已经能赚到 100 万美元。现在的问题是，我能赚到 1 000 万吗？

2004 年，绍斯波特千禧基金获得了 12.47% 的回报率。新的投资者慕名而来，包括一些机构投资者。虽然赫尔曼的千禧基金与英格兰德的千禧基金相比名气还差点儿，但规模已经超过了 8 亿美元。而此时，乔恩 · 道森第四次更改了公司大名，将道森–吉安马尔瓦资本管理公司改成了道森–赫尔曼资本管理公司。

从 2003—2004 年，曼哈顿房价上升的速度与对冲基金的崛起一样快。在时髦社区拥有一套顶层公寓、开跑车、拥有悍马都是个人财富的象征。虽然我无意与都铎 · 琼斯一较高下，但还是在桑德湾苏必利尔湖边上买了一块地，建起了一座三层高的木屋。我让我弟弟瑞恩在湖滨代售土地中挑一块最好的，结果他挑了一块未开发过的处女地。2003 年 12 月我回家度圣诞期间，我和瑞恩踏着齐腰深的积雪，穿过高耸入云的松树林，来到了这块苏必利尔湖畔的岩质地皮。放眼眺去，湖天一色，寒风呼啸着吹过湖面。我弟弟是一位出色的木匠，他看着铁灰色的湖面，问我正在想什么。

“我们要在这儿建座房子。”我说。

“好的，”瑞恩点点头，“好的，我们来建一座房子。”

我没有像我的许多同乡那样登陆 NHL，但我将拥有沿湖最大的房子。

在我的收入节节攀升的时候，对冲基金的盛宴也在渐渐拉开。2003 年 7 月，《商业周刊》上刊登了一篇封面文章，题目是《你从未听说过的华尔街最有权势的交易员》（*The Most Powerful Trader on Wall Street You've Never Heard of*）。这篇文章讲的是塞克资本公司的斯蒂芬·科恩，文章开头写道：

> 暗灰色的宝马 745 Li 缓缓驶出斯蒂芬·科恩防卫森严的，占地 4 000 多平方米的庄园。司机载着科恩在康涅狄格格林尼治的乡村公路上飞驰。上午 8 点左右，科恩到达塞克资本公司的停车场。

在华尔街，科恩是神一样的人物。不论是买方还是卖方，都没有多少人知道他是谁。但据《商业周刊》估算他的交易要占到纽交所总交易量的3%，这是众所周知的。**对冲基金及其越来越高的薪酬，才是令人们、甚至是华尔街同行震惊的地方。**

《机构投资者》杂志推出了一份姐妹刊物《阿尔法》（*Alpha*），专门讲对冲基金的故事。2002年，《阿尔法》首次发布了对冲基金经理薪酬排行榜，排在首位的是乔治·索罗斯，他在一年的时间里赚了7亿美元。《阿尔法》的对冲基金薪酬25强排行榜后来刊登在《纽约邮报》（*New York Post*）第六版的专栏里。

> 《纽约》杂志2004年11月刊登了一篇题为《暴富》（*Get Rich Quickest*）的文章，文章的主人公是扎卡里·乔治（Zachary R. George），这位年仅27岁的前单板滑雪选手效力于康涅狄格州诺瓦克（Norwalk）的海盗资本公司（Pirate Capital）。故事一开头，乔治炒掉了一位年纪比他大一倍的CEO，因为资产管理规模达2亿美元的海盗资本是那家公司的大股东。"我可不想做笨蛋。"乔治对那位CEO说道。他特别强调了那个"想"字。这句话，再加上会议室里那个真人大小的海盗木偶，让人觉得他真是一个笨蛋。

这篇由史蒂夫·菲什曼（Steve Fishman）执笔的文章继续说道：

在过去几年中，运营一个几十亿美元的对冲基金，然后往自己口袋里装个几千万，正在成为新的华尔街梦。

与此同时，一份集合了《绅士季刊》和《福布斯》风格的全新杂志面世了，创始人是30岁的前瑞富公司（Refco）期货交易主管玛格努斯·格里夫斯（Magnus Greaves）。这份名为《交易员月刊》的杂志举办了两场发刊会，一场在芝加哥的硬石酒店（Hard Rock），另一场在刚刚开张的哥伦布环形广场（Columbus Circle）时代华纳中心的文华东方酒店（Mandarin Oriental Hotel）内的一间舞厅，场面相当隆重。《交易员月刊》也发布了自己的对冲基金交易员收入榜，第一次排名榜首的是科恩，据估计他在2003年赚得至少5亿美元。在短短几年之内，科恩和其他许多对冲基金经理所赚的钱远远超过了他们在自己所管理的资产中的股份。

对冲基金经理的收入包括两个部分：基于资产管理规模的费用和基于投资回报的费用，后者便是《交易员月刊》估算基金经理们扣除支出之后的总收入的出发点。该杂志早期的交易员收入100强榜单有时候没有考虑到对冲基金收入的跨度，但事实上，收入跨度之大往往要超过人们的估计。有的时候，有的基金经理可以为自己一年的劳动开10位数的薪酬。这种情况不仅发生在纽约。伦敦的交易规模与纽约不相上下。伦敦梅费尔区（Mayfair Section）历史上就是资金的聚集地，现在则成了对冲基金大本营。对冲基金在各大资金中心（纽约、伦敦、芝加哥）源源不断地冒出，经理越来越年轻，各路资金对他们趋之若鹜。

2004年下半年，37岁的高盛合伙人埃里克·明迪奇（Eric Mindich）创建了自己的对冲基金伊顿公园资本管理公司（Eton Park Capital Management），初募规模达到了35亿美元，据说是有史以来初始规模最大的对冲基金。高盛公司曾走出一大群对冲基金经理，比如莱昂·库珀曼、大卫·泰珀（David Tepper）、汤姆·斯泰尔（Tom Steyer）、丹尼尔·奥克、理查德·佩里等。2003年，34岁的“狂人”威廉·冯·穆弗林（“Whippersnapper” William von Mueffling）从布鲁斯·沃瑟斯坦（Bruce Wasserstein）的拉扎德资产管理公司（Lazard Asset Management）单飞，创建了自己的坎提伦资本管理公司（Cantillon Capital Management）。两年后，他的资产管理规模便上升至80亿美元。安然公司倒闭后，其休斯敦能源交易员、27岁的约翰·阿诺德（John Arnold）在帮助公司处理完巨大的头寸之后，于2002年创立了一家对冲基金半人马座能源基金（Centaurus Energy）。几年之内，他就在一次大规模天然气逼空战中斩获两千刀[①]。

还有PayPal创始人之一彼得·蒂尔（Peter Thiel）。2002年，eBay收购PayPal，令蒂尔成了亿万富翁。但在成为著名的创业家之前，蒂尔的工作是瑞士信贷衍生品交易员。在卖掉PayPal之后，蒂尔开始专注于打理他的全球宏观对冲基金克莱瑞资本管理公司（Clarium Capital Management），其个人财富后来增长到几十亿美元。芝加哥大本营投资集团（Citadel Investment Group）的创始人

① 华尔街称100万为“一刀”（buck）。——作者注

肯·格里芬（Ken Griffin）在2003年（时年34岁）登上了《福布斯》400富豪榜，他的对冲基金生涯要追溯的1990年，启动资金只有400万美元。1996年，年仅27岁的“雷曼杀手”大卫·埃因霍恩（David Einhorn）创立了绿光资本（Greenlight Capital）基金，启动资金是向父母借的90万美元。当他令雷曼CEO迪克·富尔德（Dick Fuld）陷入万劫不复的时候，绿光资本已经扩张到60亿美元的规模。

埃因霍恩的对冲基金之路相当具有代表性，许多年轻人都在效仿他。

- 前投资银行家在创立对冲基金——做空次贷攫取了数十亿美元财富的约翰·保尔森（John Paulson）曾是贝尔斯登并购部员工；
- 前共同基金经理在创立对冲基金——如前麦哲伦基金（Magellan）经理杰弗里·维尼克（Jeffrey Vinik）、前太平洋公司（Pimco）固定收益组合经理安东尼·法利亚斯（Anthony Faillace）；
- 非金融人士也在创立对冲基金——成功起诉SEC阻挠对冲基金业发展的菲利普·戈德斯坦（Phillip Goldstein）以前是纽约市政土木工程师；布恩·皮肯斯（T. Boone Pickens）以前是一家石油公司的地质学家，他的对冲基金规模一度达到数十亿之巨；吉姆·西蒙斯曾经是位于长岛的石溪大学数学教授，后来创建了史上最大的对冲基金之一

——基于计算机模型的巨无霸文艺复兴（Renaissance）基金。

对冲基金经理在大众心中的固定形象是目空一切、傲慢无礼，但实际上每个对冲基金经理都有自己的个性，给他们打上同一个标签是荒谬的。

有的对冲基金经理是博学的宽客，如西蒙斯和大卫·肖；有的行事低调，鲜为人知，如鲍波特集团（Baupost Group）的赛斯·克拉尔曼（Seth Klarman）；有的挥金如土，生活侈靡，如吉姆·查诺斯（Jim Chanos）和保罗·都铎·琼斯，后者的罗宾汉慈善会（Robin Hood Charity Gala）已成为年度盛会，场面与他的豪华庄园一样气派；有的脾气暴躁，如埃因霍恩、第三点公司（Third Point）的丹·勒布（Dan Loeb）和潘兴广场资本管理公司（Pershing Square）的比尔·阿克曼（Bill Ackman）。

像我这样的常春藤联盟冰球队员也不少，比如彬彬有礼的先驱资本（Harbinger）的菲尔·法尔孔（Phil Falcone）和阿提库资本公司（Atticus）的蒂姆·巴拉科特（Tim Barakett），他们都是从哈佛冰球队队员，成长为数十亿美元规模的对冲基金的掌门人。

有的对冲基金经理不到 30 岁就赚得了数亿美元，比如德米特里·巴利亚斯尼（Dmitry Balyasny）。巴利亚斯尼拥有一家日内交易公司史蒂夫·熊菲德公司（Steve Schonfeld's shop），是少数几家在科技股泡沫破灭中全身而退的公司之一。

许多二十几岁的年轻人，那些曾经为卖出 JDS Uniphase 之类的股票、赚得几十万欢呼雀跃的毛头小子，现在正在纷纷离开卖方，创立数百万美元的小对冲基金，其启动资金大多来自其他对冲基金经理。对冲基金正在成为下一个科技股板块。

2004 年 12 月，马克·库班（Mark Cuban）宣布他正在创立一只对冲基金，他曾在物联网泡沫顶峰将自己的 Broadcast.com 卖给了雅虎，赚足了钱之后又买了一支 NBA 球队达拉斯小牛。

互联网泡沫就这样让位给了金融泡沫。在这样的大势下，2005 年 1 月，乔恩·道森为我开了绿灯，建了一只对冲基金让我负责管理，还提拔我为仅次于他和赫尔曼的公司第三投资组合经理。**当年第一季度，绍斯波特消费者探索基金（Southport Consumer Discovery Fund）悄然成立，启动资金来自我的朋友和家人，总共几百万美元，一部分是我的私房钱。这在业内称为“软启动”（soft launch）**。现在，我有了施展投资技能的空间了。我想把这个基金命名为温哥华探索基金（Vancouver Discovery Fund），以纪念探险家乔治·温哥华（George Vancouver）和他的船探索号（*The Discovery*）。但Bre-X丑闻以及臭名昭著的卡尔加里和温哥华证券交易所令道森心有余悸，他说我起的名字太不吉利。

作为年轻的投资组合经理，我一方面想采取激进的集中持股，另一方面又试图跳出板块限制，构筑一个由不相关资产组成的投资组合，以保证无论如何都有一部分头寸能够盈利，这样我就不必为亏钱而整日担惊受怕了。我努力将这两方面调和起来。**我与我的团队的风格是细致地做好研究，同时也不忽视外部的常识性思考。全面的功课能够使我们在任何情况下都有所准备，对所有决策都心里有底。**我们做得确实不错，时刻努力工作，从来不敢放松。为了更好地在研究会议中识破骗局，汤姆·托宾和我还专门研读了关于体势语（Kinesic）[①]对话技巧的著作。

2005年第一季度发生了一些事情，使我觉得我不必妄自菲薄，我完全可以与任何对冲基金经理相媲美。

阿肯色州本顿维尔（Bentonville）的沃尔玛公司在中国举办了一次全球投资组合经理聚会，邀请他们来感受自己的光明前景。它与中国有密切的合作关系——这家零售业巨头的廉价商品大多来自这里。我搭乘国泰航空的航班前往。

① 由人类学家雷·博威斯特（Ray Birdwhistell）首先发展出的非语言交流（肢体语言）技术。我们读了两本这方面的书：酒井和夫（Kazuo Sakai）等的《说谎的艺术》（*The Art of Lying*）和斯坦·沃尔特斯（Stan B. Walters）的《体势语对话与讯问原理》（*Principles of Kinesic Interview and Interrogation*）。——作者注

在飞机上，我猛然发现头等舱离我不远的地方坐着世界上规模最大、最著名的对冲基金之一的基金经理。我姑且称他为“巨人”。在14个小时的飞行中，我观察了他好几次。当我如饥似渴地阅读塞满帆布袋的阅读材料的时候，巨人像在家里一样懒散地陷在座位里，领口敞开，打着赤脚，嘴里塞满了空姐提供的免费鱼子酱（在国泰 [Cathay Pacific] 的亚洲航班上，你不仅可以享受免费鱼子酱，还能品尝到葡萄酒、大虾、奶酪和各种糖果）。这位巨人兄一边看电影，一边笑得前仰后合。与此同时，我在阅读、在研究、在工作。

飞机上的那个夜晚使我觉得巨人也不过如此，如果这就是最大最牛的对冲基金经理的工作方式的话，我还需要担心什么呢？我一点都不比这个人差。他还不如我呢！

DIARY of A HEDGE FUND MANAGER

第7章 我创立了自己的基金

投资组合经理正不断从成熟公司逃出，开创自己的事业，有些人还没有正式离职便已募集到数十亿美元资金。我的所有同行都在算一笔账：创立一只 10 亿美元规模的基金，收取 2% 的固定管理费，眨眼间就将"20 刀"收入囊中，而此时，你都不用动一根手指头！我也想，真正的自我支配。

2005年4月13日，在我30岁生日前不久，一封电子邮件传遍了华尔街。上面写道：

收件人：我们的朋友

发件人：乔恩·道森

我们很高兴地宣布，在第一季度，我们发布了绍斯波特消费探索基金，这是一只专注于全球消费公司的多空股票基金。该基金由基思·麦卡洛管理。基思加入我们已有5年，他工作努力（旅程表总是满满当当），对宏观经济有着良好的把握和敏锐的触觉。基思以常识指导投资，对我们公司所有的产品均做出过贡献。他是我们消费板块的主管，也是我们董事会的成员。近三年来，他一直负责千禧基金的一部分，获得了相当大的成功。2004年1月以来，他还同时负责大千禧小盘基金的一部分，业绩同样出色。2005年第一季度，在大势不佳的情况下，绍斯波特消费探索基金仍然取得了正回报。如果您对该新基金感兴趣，敬请联系我们康涅狄格办公室的诺琳（Noreen）。

当然了，诺琳并没有被咨询电话淹没。但有广受尊敬、业绩彪炳的乔恩·道森为我唱赞歌，资金管理业、银行还有证券交易业都反响很热烈。我被接受了，从此有了自己的一片天地。我像是被包装了起来，而不是我自己视自己为对冲基金黑手党的一部分。而且，情况远非如此。

自从被 Pacific Sunwear 公司摆了一道之后，我学乖了。在参加聚会时，我对对冲基金同行们敬而远之，也不再参与“三对一会面”，即一位 CEO 或 CFO 同时面对三位分析师或投资组合经理。这种会面往往流于形式，因为付钱参加管理层会面的对冲基金多如牛毛，不可能被一一接待。在会面结束后，如果我看到有分析师或投资组合经理朝我走来，我就装成在打电话。有时候，当一群买方人员和我套近乎，向我打听消息（以确定我听到的东西和他们听到的是不是一样）时，我就假装在用无线耳机。这看起来很滑稽，但很有用，能够使我成功远离贻害无穷的群体思维。不过，**尽管我竭尽所能培养独立精神，坚持与对冲基金黑手党保**

持距离，有时候我还是会陷入对冲基金的甜蜜陷阱。

2005年仲夏，我与一群分析师和投资组合经理应某大银行之邀前往世界闻名的班登高尔夫球场（Bandon Dunes Golf Resort）参加一场封闭高尔夫聚会。

> 班登高尔夫球场位于俄勒冈海滨，是大西洋沿岸少数能与苏格兰高尔夫球场媲美的地方之一。这里是高尔夫天堂，比尔·盖茨就在这儿打球。

当时，我在耐克上持有很大的多头头寸，同时卖空了锐步（Reebok International，纽交所代码：RBK）。

我应该注意到网络和高尔夫用品专卖店里铺天盖地都是阿迪达斯，但我没能注意到，因为夜幕降临的时候我正一边叼着巨大的雪茄，一边啜着取之不尽的陈年苏格兰威士忌，和对冲基金的狐朋狗友们在餐厅外的篝火旁逍遥快活，饱览壮丽风光，就像是20世纪初的产业家。我早已把其他一切抛诸脑后了。酒足饭饱之后，我觉得可以睡个懒觉，便把闹钟定在了5:30，而不是我在西部的常规起床时间2:30。一觉醒来，醉酒令我头痛不已，我的喉咙像火烧一样难受。我吐痰、咳嗽、漱口、刷牙，但都无济于事，我的舌头和喉咙像是涂了一层烂泥。电话响了起来，我却无法应答，因为我说不了话。最后，我还是应答了。是哈里打来的。锐步被阿迪达斯兼并了。我的空头头寸损失惨重！他们应该怎么做，为什么会这样，你在什么鬼地方！我卖空了锐步。现在，它被兼并了，我居然没有预见到会发生这事儿。我居然不知道这事儿已经发生了。我上不了网，也没有电视，最要命的是，我说不出话来。

我竭尽全力想吐出几句话来，但显然没人听得懂我在说什么。我遭受了致命打击。昨天晚上玩过头了，我现在还能闻到身上的雪茄味。活该。从我决定睡懒觉的那一刻起，我就开始放纵自己了。但我也不必过于自责。就算我昨天没有玩疯，也阻止不了兼并的发生。没有人认为我应该对此负责。我会在新财季重新振作，从班登的失败中站起来。但我开始质疑为别人全身心投入的工作方式了。我开始有了替自己打工的打算。

2005 年夏天渐渐过去了，新对冲基金如雨后春笋般不断涌现，初募规模一个比一个大。在波士顿，杰克·梅耶（Jack Meyer）辞去了哈佛管理公司首席投资官的职位——在这个职位上，他通过另类投资（如对冲基金和私募股权基金）在 5 年内使哈佛捐赠基金规模从 50 亿美元增加到 200 亿。据说，他已经万事俱备，将以 40 亿～60 亿美元规模起步打造自己的对冲基金凸性资本公司（Convexity Capital），如果实现的话，这将是史上规模最大的新对冲基金。凸性资本的最低投资门槛为 2 500 万美元。与此同时，在伊利诺伊州芝加哥城外的埃文斯顿（Evanston），39 岁的前大本营集团股票交易主管亚历克·李托维茨正在为自己的对冲基金公司磁星基金建造1 100平方米的总部。磁星基金的初募规模为20亿美元，为有史以来最大的四家新对冲基金之一。像李托维茨这样的投资组合经理正在不断地从大本营这样的成熟公司中逃出，开创自己的事业，有些人还没有正式离职便已募集到数十亿美元资金了。

我的所有同行都在算一笔账：

> 创立一只10亿美元规模的基金，收取2%的固定管理费（“1+20”的日子早已一去不复返了，有些人收取“3+20”，甚至更高的费用），眨眼间你就将“20刀”收入囊中，而此时你都不用动一下手指头！

我不反对大笔挣钱，钱挣得越多我也会觉得越高兴，但在这时候，在我踏入而立之年时，我更关心的是摆脱单身汉状态，追求更稳定的生活。我在威彻斯特县的约克敦高地（Yorktown Heights）树林带的一家马场边上买了一座大房子。那里距塔克尼克大道（Taconic Parkway）只有几分钟车程，距杰斐逊谷（Jefferson Valley）购物中心也只有几公里，至今仍是一派农村风貌，多少能够让我想起一点儿桑德湾。就我个人而言，我决定告别旧生活，开启新篇章。不久，我就开始与劳拉频繁约会了。她是一位卖方分析师，也是我的耶鲁同窗，但上大学的时候从来没有和我一起外出过。就事业而言，我也无法抵制创立自己的对冲基金的想法。

有了绍斯波特消费探索基金的经验，我已经尝到了独立经营的滋味，我想玩儿真的，真正的自我支配。

我不知道怎么把这个消息告诉我曾经的贵人。但在2005年第三季度末，我心意已决。我把想法告诉了哈里。该是时候单飞了。

法尔肯亨奇合伙有限责任公司（Falconhenge Partners, LLC）于2005年深秋成立。成立地点在我约克敦高地家中一间没有多少家具的闲置卧室。哈里和我决定使用Falconhenge这个名字。我们给公司起名所花的工夫一点也不比做投资分析少。

有人用街道或城市的名字给自己的基金或管理公司命名，如皮廓特、绍斯波特；有人用自己的姓，如保尔森公司（Paulson & Co.）、佩里资本公司（Perry Capital）；有人用姓名组合，如肖氏公司（D. E. Shaw）；有人用名字缩写，如塞克资本公司（SAC Capital）和ESL投资公司（ESL Investments）；有人用中间名，如摩尔资本管理公司（Moore Capital Management）的“摩尔”是刘易斯·培根（Lewis Bacon）的中间名；有的用创始人名字缩写组合，如GLG公司由诺姆·戈特斯曼（Noam Gottesman）、皮埃尔·拉格朗日（Pierre LaGrange）和乔纳森·格林（Jonathan Green）共同创建。

有的源自希腊神话，如斯蒂芬·费恩伯格（Stephen

Feinberg）的刻耳柏洛斯资本管理公司（Cerberus Capital Management，刻耳柏洛斯是希腊神话中的地狱看门犬）；有的源自希腊语词根，如吉姆·查诺斯的悉尼科斯合伙公司（Kynikos Associates）来自希腊语“犬儒”（cynic）一词；有的用科学名词，如乔治·索罗斯的量子基金；有的用史前生物名称，如吉姆·帕罗塔（Jim Pallotta）的猛禽（Raptor）系列基金；还有的与时俱进地使用天文学名词，如李托维茨的磁星（“磁星”是一种具有强磁场的中子星）和听起来有点兽性的半人马座基金（Centaurus，这个名字来自星象）；前老虎基金公司交易员德怀特·安德森则受到一种猛禽“鱼鹰”（osprey）的启发，将自己的基金命名为Ospraie。

我不知道安德森和我与哈里的想法是否与此相同，我们在一种伟大的猎手——“隼”（falcon）这个名字上达成了共识，但这只是我们考虑过程的一部分。（花旗集团后来成立了一个名为法尔肯策略的信贷基金，结果以悲剧收场。）我们决心开创一间百年老店，于是想到了史前巨石阵（Stonehenge）[①]。最终我们决定将两个名字结合起来，因为隼的习性还不足以表达我们的意思。

我做任何事情都喜欢做到十全十美——还记得吗，离开道森-赫尔曼之前，汤姆·托宾和我甚至还学过体势语呢！因此你一定不会奇怪我和哈里真的前往位于佛蒙特州春分度假区的不列颠

① 位于伦敦西南索尔兹伯里平原，由巨型石柱和石牌坊构成了一个石阵，距今有4 000年以上的历史。——译者注

驯隼学校（British School of Falconry），参加了驯隼人培训。如果有人问我们“为什么是法尔肯亨奇”？我们就可以和他大谈一番这个名字的由来。它包含着我们对隼的理解——**观察环境，专注目标，飞扑而下，闪电打击，根本不给猎物任何逃之夭夭的机会。**

在寻找主经纪商的时候，我发现每个人都会问一问这个名字的由来，但没有人会认真听其中的故事。

寻找一个主经纪商是创建对冲基金“待办”清单中首先需要完成的任务。主经纪商是对冲基金的守护者，它会专门分配一组人马负责你的交易记录、资产托管以及所有交易清算预结算。主经纪商向对冲基金提供贷款、保证金账户（通过进一步贷款融资）。最重要的是，主经纪商还向对冲基金介绍投资人，比如其他对冲基金经理、联接基金（即基金的基金）和手握重金正在寻找投资对象的华尔街大佬。

找到主经纪商后，你还有很多事情要办，包括（但不限于）聘用律师，管理人员，审计师，会计师，重要职员如运营经理、合规总监和筹资负责人（可以是自己的员工，也可以是第三方）。其他待办事项还有：起草要约文件，其中包括私募融资备忘录（类似于共同基金招募说明书，内容包括基金费用结构和目标的相关细节）和由投资者填写的认购文件。

接着，你得按照特拉华州的法律组织你的管理公司，特别是有限责任公司。有限责任公司适用税收传递条款[①]，且顾名思义，创始人只需承担有限责任。实际上，基金大多组织成有限合伙公司的形式，这也是一种传递实体，但与有限责任公司略有区别。有限合伙公司赋予普通合伙人一定的灵活度，他们可以在控制基金的同时获得与有限合伙人相同的保护。

如果法律相关事务还不够烦人的话，那么还有信息技术问题，你必须有一个投资组合管理系统；你必须做好幻灯片向投资者（比如联接基金）做演示；你必须找好办公场所。我提到办公家具了吗？在这事儿上我倒是颇为幸运，我弟弟就是一位好木匠。他是那种只要有工具和材料就能造出任何东西的人。我把他叫到我的房子里来为我打造了一个个性化的多层交易桌。

一开始，整个公司只有我和哈里两个人。哈里住在曼哈顿，每天赶到我位于约克敦高地的家庭办公室上班。我们同心协力完成了所有准备工作。我们雇了一些人，这使得进展快了不少。我招来了我的耶鲁老友、现居湾区的迈克尔·布卢姆。他以前在PayPal上班，在PayPal被eBay收购后辞了职。当时他正要去香港，但我说服他加入了法尔肯亨奇，这意味着迈克尔不再去远东，而是来远威彻斯特我家了。

出于实用考虑，我们决定放弃我弟弟制作的多层交易桌，而采用更加小巧的宜家产品。但当我们移动那个大家伙的时候发现

① 有限责任公司的利润和损失不在法人实体层面征收，而是传递到普通合伙人和股东层面上征收。——作者注

根本没法把它弄出门——我弟弟对我房间大小十分熟悉，按照房间尺寸造了一个顶天立地的大桌子。要是你以为对冲基金经理总是过着光鲜奢华的生活，那你真应该来看看我和迈克尔两人挥舞电锯肢解这个巨大的木质怪物的情景。我们从白天一直干到傍晚，总算把这张桌子变成了一堆柴火。但我们总算是完工了。我们拆解交易桌的效率比潘伟迪（Vikram Pandit）高多了。[①]

在选择主要资产筹集人及市场主管时，我们联系了我在瑞信的上司汤姆·费拉罗。他是业界公认的最佳股票销售员之一，他的团队也是华尔街顶级的科技股研究销售团队。最大的几家对冲基金都是他的客户，如皮廓特和塞克。由于我和他的渊源，法尔肯亨奇指定瑞信为主经纪商。**主经纪商过去是、现在也依然是对冲基金的生命线，有些基金能够迅猛增长，全靠主经纪商在背后支持**。所有大银行（高盛、雷曼、摩根士丹利）都对主经纪商业务垂涎三尺，趋之若鹜，当然，它们的主要对象是那些规模最大的基金。至于规模较小者，那就得自谋生路了。由于瑞信对我们十分了解，我们认为它不会像摩根士丹利或高盛那样对我们不屑一顾。

① 潘伟迪是花旗 CEO。英文中“交易桌”和“交易部门”是同一个词 trading desk。——译者注

当时，我们（以及许多买方）认为摩根士丹利才是华尔街最好的主经纪商。大摩拥有经验最丰富的主经纪团队、最先进的技术，它的业务模式也与“顾客至上”最为契合，即使对于像我们这样较小的基金，他们也会派出高级员工协助工作。

高盛就不那么令人愉快了。事实上，高盛主经纪代表有一种莫名其妙的优越感。我们和高盛协商的时候，居然被归为B等，是可忍孰不可忍。我看得出他们没什么经验，和我们协商倒是像在指导我们如何吸引高盛的注意。协商进行到一半的时候我终于忍无可忍，起身走出会议室，倒了杯咖啡，然后回到会场。我意识到，在高盛眼里，不到10亿美元的基金统统都是B等。无须赘述，高盛没有得到我们这笔生意。

对冲基金繁荣有一个令人百思不得其解的地方：到底是谁在排队给他们送钱，甚至不惜忍受如此高昂的费用和不透明的信息？那1.5万亿美元——2005年末估算的对冲基金总投资规模，究竟是谁的？很大一部分资金属于机构投资者，如退休基金、保险公司、主权基金、瑞士银行；有一些属于富裕的个人，如家族基金、地产大亨或是中东王族。我还可以告诉你，**许多对冲基金“客户”就是华尔街从业人员，他们利用自己的人脉关系获得投资表现最佳的对冲基金的机会。**

有一段时间，要是你想投资对冲基金，就得成为“合格”投资者才行——要么净财富总值超过100万美元，要么年收入在20万美元以上；而现在，对冲基金红得发紫，最低投资门槛已经提高到500万美元或以上，这意味着有能力投资的人大多来自高收入行业，比如那些在华尔街以及对冲基金工作的人。

为谨慎起见，我们将潜在投资者目标定为大型对冲基金经理。很快，费拉罗就为我安排了和对冲基金业要人的见面会，他们在寻找外部基金用于投资自己的个人财富，其中不乏我在瑞信工作时有过一面之缘的人，还有一些人我在其他场合见过。有一次，坐在我对面的就是那位曾经在飞机上遇见的“巨人”。我猜他打出的嗝说不定还有鱼子酱的味道呢。只见他松松垮垮地坐在会议桌前，斜靠在椅背上，双手交叉着放在脑后，领带挂在肩膀上。他似看非看地望着我，仿佛认识我。他问的问题和其他对冲基金人士没什么两样：“那么，你有什么好主意？”

对冲基金业有一股风尚，所有的东西都可以成为“好主意”。一方面，有些好主意确实有道理，能见效。但另一方面，所有人都在问这个问题，其实他们无非是在鹦鹉学舌，根本不指望在这个问题上有什么斩获。

不过我还是想争取给巨人留下点深刻印象（这可是个大金主啊），于是便告诉他，我最近去多伦多会议中心（Metro Toronto Convention Centre）参加了加拿大勘探和开发者协会（Prospectors

& Developers Association of Canada）年会——全球最大最重要的矿业公司高管聚会之一，我十分看好矿产业云云。我还告诉他，加拿大有个很富的金矿，就在安大略省红湖（Red Lake），桑德湾以北，我在那儿颇有点儿关系，我弟弟认识几位内部人士。巨人看着我，仿佛在说我认识你，你就是那个乔恩·道森公司的零售业分析师。你居然知道矿业股的那些事儿？接着，他声音沙哑地说道："矿业股？你对矿业股有多了解？"

我挺直腰杆，像电视演讲那样滔滔不绝地说了起来，摆出一副咄咄逼人的气势，一口气分析了我对宏观经济趋势的观察（全球通胀、商品价格上涨、中国对原材料的需求），但他显然一点儿都没听进去。

我对矿业股有多了解？巨人不屑一顾的样子使我十分恼怒。我跟他讲了我所做过的最具消息价值的研究过程——我对矿业股做了细致功课，见过这个行业的重要人物，我手上还有某矿藏的内线。你说我有多了解？难道你坐在花园大道旁边的办公室里就能了解矿业股了？不过，我还是告诉他我的好主意是弗里波特–麦克莫伦铜金矿公司（Freeport-McMoRan Copper & Gold，纽交所代码：FCX）和菲尔普斯道奇公司（Phelps Dodge Corp，纽交所代码：PD），并谢谢他花时间听我瞎说。我离开办公室的时候气得都快发疯了，巨人竟然对这一投资机会熟视无睹。一年之内，FCX与PD宣布了价值260亿美元的合并计划。后来我发现FCX是巨人最大的头寸之一。

2006年1月3日，法尔肯亨奇合伙公司正式开始交易。我们买入了我们看好的矿业、餐饮和酒店类股票，威廉姆斯交易公司替我们执行交易，除此之外，我还用笔将所有交易记录于我的笔记本上。这就是资本主义。我爱资本主义。

这时，我、哈里、迈克尔、汤姆搬进了曼哈顿中城的帕里资本公司（Pali Capital）提供的办公空间。帕里是一家“对冲基金饭店”，为我们和其他对冲基金提供办公场所，大多数是动量增长基金。帕里的大部分“租客”都通过它的交易执行部做交易，按每股若干美分的价格支付佣金冲抵办公场所租金，但我们用真金白银支付租金，而把执行交易的业务给了我曾经实习过的威廉姆斯交易公司。威廉姆斯公司当时已迁至康涅狄格州斯坦福，地方大了不少。我们的基金稀松平常，资金主要来自我自己、朋友和同事。有一家大型捐赠基金和一位亚洲私人投资者对我们也很有兴趣。经过一个月的试运营，我们的前途看上去相当光明。

作为我们的主经纪商，瑞信为我们提供了一套基于软件的连接系统，这样我们通过威廉姆斯执行的交易就能随时与主经纪商账户上的资产总额实际美元数字同步协调。

主经纪商将在每日市场收盘之后追踪我们头寸的价值，在网上算出结算结果——真实数字按规定由证券登记结算公司（Depository Trust & Clearing Corporation，DTCC）计算。股票买卖成交后，先记录在银行或经纪商的系统中，但必须在4日内向DTCC上交。DTCC就好比一个巨大的代管账户，它是一个由所有华尔街大公司合资组建的子公司，并非政府实体。股票也不需要真的上交，只需要登记在DTCC的电子系统中即可。

在整个转换过程中，最重要的一条是：资金和股票相互转手。每当我们做成一笔交易，我都假设瑞信的系统能够确保资金真的转手了。

但是，瑞信给我们安装的软件有个问题，他们声称这个系统是他们自己的，但其实是个第三方软件。我们首个交易日的交易无法结算。我们的主经纪商在线账户上的数字显示是零。迈克尔·布卢姆——我们公司德国出生、亚洲长大的运营总监手工计算了所有交易，这才使我们知道了首日交易的结果。

接着，他向我们的主经纪商投诉了这一问题，对方派了一个人过来处理问题。但他也弄不明白为什么我们的账户无法与交易同步，只是说他会检查。事实上他并没有在检查，而是坐在办公室里推销起他在曼哈顿即将开张的酒吧来。

到了第三天，问题还是没有解决，我们的交易仍旧没有被实际执行，至少没有任何被执行的记录。这下问题严重了，因为第4天就是DTCC交割日，问题不解决的话会引起误会、震惊甚至是对我们交易合法性的怀疑，而到现在为止我们的主经纪商还没有任何交易已完成的记录。我们开张已经一周了，居然还不能顺畅地做交易，这和我想象中的情形大不一样。我朝布卢姆发了火，他又朝瑞信发了火。最终，问题解决了，但我们还是炒了瑞信的鱿鱼。到月底的时候，摩根士丹利取代瑞信成了我们的主经纪商。

2006年第一季度，汤姆·费拉罗、哈里和我大概见了10位基金的基金的代表。**基金的基金自诩为投资者的看门人，其实就是个收钱的（他们管这叫一站式服务），他们的客户多是拥有巨额财富的个人和机构投资者，这些人想投资多家顶级对冲基金，也想获得职业的资金管理服务。**即使是拥有庞大年轻和经验丰富的职业投资团队（以及按季节临时雇用的外部咨询顾问）的州级退休基金系统，也无法掌握足够的信息来确保他们所雇用并委之以退休金资产投资重任的资金管理者——对冲基金或是其他什么基金真的在按他们信誓旦旦说的那样做。**基金的基金招徕退休基金、捐赠基金和家族基金的卖点便是它们作为投资其他对冲基金的基金，能担起尽职调查和投资监督之责，因此收取双重的费用，即基金的基金的管理费，以及对冲基金向基金的基金收取的管理费。**麦道夫倒台后，人们终于了解到，这就是基金的基金所谓的尽职调查。但他们是我的金主，我还是得点头哈腰小心伺候。

我的职业生涯并不乏幻想破灭的痛苦时刻，但在这些会面上面对这些人让我嘴里又泛起了班登沙丘高尔夫球场雪茄的恶心味。

基金的基金的那群家伙对我基金中的大部分资金来自我自己这一点不屑一顾。在他们看来，这意味着我会在承担风险时缩手缩脚，而他们希望对冲基金更多地承担风险。从我与基金的基金打交道的经验来看，很显然，由于要收取双重费用，他们所投资的基金中必须有一些能获得超额利润，这样才能弥补其他基金亏损或表现不够强劲的不足。

基金的基金通常会向我们索要基金说明材料。有时候我们坐在会议室里，利用 PPT 演示我们的基金。哈里和我花了大量时间在这些可恶的琐事上。诚然，幻灯片只是一些我们的投资要点的罗列，但我们总结投资观点的方法也是创立基金的重中之重。但基金的基金的那群家伙看上去对我们的任务陈述和宣传材料并不买账。更有甚者，看他们的样子好像对这些材料非常厌倦。

没有人会对我们的目标提出异议：追求正的绝对回报，不论全球股市大环境如何。但一谈到我们的投资观点，有趣的事情就发生了。

比如，我们写道：我们的任务是管理高度可靠、高度集中的投资组合。我们的投资将是程序驱动的（process driven），以现金流为中心。我们依靠良好的模型和估值程序发掘不为传统智慧所重视的被低估的现金流机会。基金的基金人士问，这是什么意思？是说你们比别人更精明吗？

我们写道：我们为获得绝对回报，而非控制净风险暴露而做空。我们空头决策的依据是市场共识、过热情绪（hype）和动量。他们的反应是：你们做空动量？但我们的大多数基金都是动量基金！

我恨不得在帕里资本公司内抓几个对冲基金经理问一问他们对“动量股”（mo stock）有何看法。每个人都在谈论“动量”，但我有我自己的风格。我只能说，我的风格不是基金的基金所要寻找的。

我对基金的基金、对整个资金募集过程感到彻底失望，更不用说主经纪商了。我开始专注于我能够控制的事情——投资。2006年第一季度，法尔肯亨奇合伙公司斩获6.43%的回报，高出标普270个基点。尤其值得一提的是，我们在Cracker Barrel公司（纽交所代码：CBPJL）的多头头寸中获得了丰厚利润。2006年4月3日，我们向为数不多的投资者发出了客户信，报告第一季度业绩。这封信中还包含了一条重要信息：狩猎者被猎取了——我们打算关闭基金。

DIARY of A HEDGE FUND MANAGER

第8章 热钱追着热回报

狩猎者被猎取了，我们打算关闭基金。我们很容易就能够发现对冲基金业过热时会是什么样子。热钱追着热回报，采用相同的策略，涌入相同的交易。对冲基金经理手里的资金越来越多，为了满足对回报的需求，他们展开了一场全球范围内的军备竞赛。磁星给我们开出的条件是，让我们负责规模近3亿美元的资金……

当比太阳大好多倍的恒星在宇宙大火——即所谓的超新星中燃成灰烬时，会剩下一个稠密的残余粒子场，这些粒子会猛烈地旋转，形成一个全新的恒星，即所谓的中子星。中子星会发出极强的磁场。有多强？比地球磁场强一千万亿倍，把帝国大厦放在这样的磁场中，眨眼间就会变成一坨麻花。天文学家将这种中子星称为磁星。

2006 年夏，美国国家射电天文台（National Radio Astronomy Observatory）的一组科学家探测到距离地球 10 000 光年的一颗磁星出现了前所未见的活动。这颗恒星最早由 NASA 科学家发现于 2003 年，它被命名为 XTE J1810-197。磁星一般不发射无线电波，至少人们认为它们不发射。它们也许会发射X射线，但从不发射无线电波。但哥伦比亚大学一位名为朱尔斯·哈尔彭（Jules Halpern）的天文学家惊奇地发现，这颗XTE J1810–197中子星的的确在发射无线电波。这令全世界天文学家感到困惑不已，誓将这一问题查个水落石出。

2006年8月，美国国家射电天文台的斯科特·兰塞姆（Scott Ransom）发表了如下声明："我们将动用我们手头所有的望远镜、尽可能不间断地监测这个疯狂天体。我希望随着时间的推移，我们能够对这种极端环境有一个更加深入的了解。"

要发现对冲基金业过热时会是什么样子，可不需要NASA科学家来帮忙。**热钱追逐着热回报，采用着相同的策略，涌入了相同的交易。**对冲基金经理们手里的资金越来越多，为了满足对回报的需求，他们展开了一场全球范围内的军备竞赛，火热之程度为冷战以来所罕见，其情景让人想起英国山间一年一度的滚奶酪球大赛[①]。

没几个资金经理兼具做交易和做生意的能力。要运行一个对冲基金，你必须寻找最好的员工，这个过程本身就是赌博，而即使你赌对了，也很难长时间把人才留住。交易员只要有那么一点

① 每年5月底在英格兰西南部格洛斯特郡库珀山举行。在此比赛中，选手要追逐一个从陡峭山坡上滚下的约3.5公斤重的奶酪球。由于山势险峻，经常出现选手摔倒受伤的情形，因此也被称为"玩命比赛"。该赛事奖金很少，冠军将获得奶酪球，亚军和季军只能获得10英镑和5英镑。——译者注

儿特长，就会要求各种特权，要不然就另谋高就，或是单飞创业。要是交易员没有任何长处，那么他就是在亏损。

2006年第一季度，也是我们正式运营的第一个季度，法尔肯亨奇业绩不俗，开始受到关注。不少规模更大的对冲基金开始接近我们，意欲让我们管理规模更大的资金。这真有意思。我们的全球消费观点——杠杆收购已是脱了缰的野马，而我们识别出的一些公司，如澳美客牛排馆（Outback Steakhouse）和四季酒店，将成为并购的首选目标，并将在随后的一个季度中再创辉煌。为了参与这场盛宴并从中获利，我们需要资本，现在就要。上帝在这时为我打开了一扇窗。这家对冲基金公司没有将我们视为投资对象，而是想将我们并入。

他们给我们开的条件是让我们负责规模近3亿美元的资金。**在我们这个行业，时机和规模就是一切。如此大的资金池产生的诱惑力是不可抗拒的。**向我们开出这个条件的是罗斯·莱瑟——磁星公司的创始人之一。他与另一位创始人、前大本营明星交易员亚历克·李托维茨正在建立业内最受关注的对冲基金。

2006年第二季度，也就是磁星公司成立一周年之际，其资产管理规模已经超过了30亿美元。而且磁星公司仍处于爆炸性增长阶段，散发着中子星的强大磁场，吸引着资金和业界才俊。磁星正在建立一个“多策略”对冲基金母舰，旗下包含了十来种单独策略，涉足各种资产类别——不管是标准资产还是有毒资产①，只要是地球上存在的，他们就不会放过。

这个基金将集合并购套利（这是李托维茨在大本营效力时的专长），及其他类型的套利、多空全球股票、只做多股票、事件驱动策略、困境信贷、私募、直接贷款和私人投资公开股票等各种投资策略。它甚至还涉足再保险策略，成立了脉冲星再保险公司（Pulsar Re），以寻求卡特里娜飓风带来的保险机会。磁星也是一种叫做抵押债务凭证（collateralized debt obligations，即 CDO）的资产支持工具的主要投资人之一。一些 CDO 背后的基础资产是抵押贷款池，包括一些风险较高的抵押贷款，即所谓的次级抵押贷款。

通过主经纪商摩根士丹利，磁星公司的莱瑟看到了小小的法尔肯亨奇和我们超过 6% 的第一季度业绩，并提出让我们全体加入磁星公司，完善他们的多空全球股票平台，负责其中的消费与零售股交易。看来对冲基金业的发展已经远远超过了时代，像磁星这样的公司居然要追求像我们这种刚存在一个季度的小公司，也许是优秀的投资组合经理太难找了吧。华尔街什么最重要？人才！我们接受了磁星的邀请。

2006 年 4 月 3 日，我们向法尔肯亨奇的客户发出了如下信件：

① 标准资产指合约标准化的投资工具，有毒资产指高风险的投资工具。——译者注

2006年4月3日

亲爱的朋友们：

很高兴向你们报告两个消息。

首先，我们的2006年第一季度极为成功。从2006年1月3日起到这个星期五收盘为止，法尔肯亨奇合伙公司1号基金总收益约为6.43%，法尔肯亨奇合伙公司2号基金的总收益约为6.39%。其次，我们激动地宣布，我们将加入亚历克·李托维茨和罗斯·莱瑟的磁星公司。

哈里和基思将负责搭建全球消费股平台。我们认为，与埃里克和罗斯组建的世界级投资团队共事是一生只有一次的机会。迈克尔和汤姆也对与磁星一起工作感到欢欣鼓舞。磁星公司成立不到一年，但资产管理规模已超30亿美元，我们认为磁星将成为一颗耀眼的巨星。

2006年3月31日，我们将法尔肯亨奇合伙有限责任公司旗下的两只基金——法尔肯亨奇合伙公司1号基金和法尔肯亨奇合伙公司2号基金（以下简称“两大基金”）清盘。两大基金的投资者将在清盘后10日内收回截至2006年3月31日他们在各基金中投资份额的90%。剩余资产将作为储备资金，以应对两大基金的剩余支出项目。一旦这些项目完全了结，资产将迅速返还给各位投资者。一般说来，由于法尔肯亨奇营业时间较短，我们的账簿和交易记录不需审计。两大基金投资者的初始投资在扣除费用和支出之后，将至少获得6%的回报。然后，两大基金将依照管理文件的规定解散。

我们一直相信，我们的投资观点和知识一定能找到用武之地。法尔肯亨奇合伙公司便是在这一信念下成立的。不过，放眼未来，我们的客观分析使我们确信，磁星的平台具有极强的长期竞争力。磁星不但具有明显的规模优势，其团队文化也体现了正直与信任，这正是为人处世最重要的品格。为了感激您在我们事业草创阶段对我们的信任，我们决定不收取2006年以来的管理费和激励费。我们为获得前述总回报感到自豪，也希望法尔肯亨奇关闭时的财务状况令您满意——无论是原则上还是实际上都能令您满意。

最近，有一位投资者为我们寄来一部鼓舞人心的彼得·德鲁克作品。其中有一句话，简单但富于力量，可以作为我们最后几周的总结：“预测未来的最好方式就是创造未来。”谢谢您对我们的信任。

哈里、基思、迈克尔和汤姆
法尔肯亨奇合伙有限责任公司

DIARY of A HEDGE FUND MANAGER

第9章 打出最高分

这也是我在 2006 年行将结束时的感觉——好像自己击败了全世界。我打出了最高分。我的第四季度回报数字必定突破 10% 了。这是我对冲基金生涯的巅峰。

加入磁星后，我的对冲基金经理生涯翻开了新的一页。我在磁星公司负责管理全球消费多空团队——多空股票交易部门的一部分。现在，我每周都有几天得在伊利诺伊州埃文斯顿市郊工作，住在西北大学对面的一家饭店里。这时候，劳拉已经搬进了我位于约克敦高地的房子里，我们正准备结婚。她早已习惯了我没完没了的出差，觉得现在的生活也没什么不自在。

罗斯·莱瑟负责磁星的商业事务，而李托维茨负责交易。李托维茨曾经是一位高明的并购套利交易员，而现在，他不但要继续当他的投资组合经理，还得担起领导其他交易员的责任。他为此付出了所有心血，也显得颇为老道。他经常向投资组合经理们提问，要我们以他能够理解的方式解释为什么要持有现有的仓位。

李托维茨和我的第一位对冲基金导师——罗素·赫尔曼截然不同：

> 赫尔曼使用图表和基本面研究股票，从资产负债表中寻找线索，关注华尔街的一举一动，打听管理层的一言一行；而李托维茨依靠的是计算机驱动模型和数字模式。

他教我如何分析与股票相关的风险因素，以前我通常认为这些因素与零售风险因素无关。以前，我只知道广为流传的食物中毒事件会造成餐饮连锁公司股价的起伏，而现在，李托维茨向我展示了如何使用统计因素分析风险，如流动性、波动性、交易量以及其他因素，都是些他喜欢而我未能发现的因素。“那么，你怎么操作？”他会这样问我。他希望知道价格目标、时机、涨跌，而且希望这些东西能以明确的数字出现。李托维茨不关心管理层有什么东西要说，也无视故事和情绪。他是个纯粹的数字派。不过有一点李托维茨倒是和赫尔曼相同——他们随时随地想知道哪些人同时持有这只股票。

我的部门在磁星圣帕特里克大教堂对面的纽约办事处办公。我每天早晨6点就到达办公室。在我搭乘的早班火车上，通常除了我之外就只有大都会北方铁路的员工、当地劳工和建筑工人了。我坐在哐当哐当的火车车厢里，阅读着研究材料、新闻和杂志，披着朝阳的光辉驶入曼哈顿的黎明，这种感觉使我心情平静。看着和我同车的工人，我想起了我的父亲，我想起了我自己，每天搭最早的班车，告诉自己在同龄人中没有人能比我更早。当我到达办公室的时候，那里通常只有一盏灯是亮着的——那就是哈里的位子。

磁星的多策略基金——磁星基金是业内新贵。磁星在“多策略”的大旗下进行着大量的私募股权投资。当时，对冲基金和收购业务正走到一块儿。

卡尔·伊坎（Carl Icahn）不再是企业掠夺者，而成了一位激进的基金经理。潘兴广场资本管理公司的创始人比尔·阿克曼接过了伊坎的枪。斯蒂芬·费恩伯格的刻耳柏洛斯公司仿照黑石集团和城堡投资集团一块牌子、两套班子的套路，既是对冲基金，又是私募股权基金。

2006年7月，磁星聘请了迈克尔·格罗斯（Michael Gross）来领导信贷和私人投资业务。格罗斯以前在利昂·布莱克（Leon Black）手下办事，是大名鼎鼎的阿波罗顾问公司（Apollo

Advisors）创始合伙人。

将私人投资和信贷业务组合起来，让一位高级合伙人来主管，这一招不论在理论上还是在实践中都可谓无比高明。

2006年，私募股权已成蓬勃发展之势，背后的动力便是新发明的债务工具。黑石、阿波罗、KKR这样的私募股权巨头拉帮结伙，在主要投资银行的帮助下发行数量巨大的债券，以此筹集资金来收购上市公司。评级机构给予私募股权票据可持有的评级，对冲基金吃进这些债券。对冲基金大量向其主经纪商——通常是投资银行融资[①]，投资银行又向商业银行大量借钱。最后，商业银行的资金来自向央行——把利率压到了历史最低水平的贷款。在一些情况下，为了为其各种各样的活动融资，投资银行的负债可能高达手中资本的30倍。这些钱主要用于正在合流的私募股权和对冲基金业务。

上市公司私有化浪潮对我的对冲基金经理生涯也产生了冲击。华尔街的各大银行依然像往常那样为我安排各种会面，但有时坐在我对面的不再是公司高管或分析师，而是“业务员”

① 2004年，美国SEC推出了一个“综合监督实体”（Consolidated Supervised Entity, CSE）计划，并于2005年生效。这一方案推出的背景是1999年的《金融服务现代化法案》（*Financial Servtces Modernization Act*）取代了1933年的《格拉斯-斯蒂格尔法案》（*Glass-Steagall Act*）。这一法案禁止金融业混业经营，而《金融服务现代化法案》废除了这一规定，于是，商业银行、经纪行、投资银行和保险公司可以合并为混合经营的综合实体。这造成了意想不到的监管空白地带，促使SEC成立综合监督实体。“自我监督”的机构包括五家大型投行——贝尔斯登、高盛、雷曼兄弟、美林和摩根士丹利，它们同时也是经纪交易商。这五家投行不必遵守经纪交易商债务-资本比必须低于12比1的规定。经纪交易商债务-资本比限制由SEC于1975年制定。适用CSE的五大经纪交易商（同时也是投行）被允许将债务-资本比提高至12比1以上，但必须遵守《新巴塞尔协议》的限制。——作者注

(coverage guy)，即跟踪收购基金的银行家，收购方案便由他们帮助设计。显然，他们不会告诉我自己在跟踪哪些具体收购案，但会向我透露他们看到的行业动向——零售与消费行业哪些次类型可能成为下一个对象，比如赌场和博彩业。**一桩“收购”或“下市”交易一旦公之于众，往往造成目标公司股票大涨，涨幅取决于收购价较现有股价的溢价程度。**在整个收购过程中，收购报价一般会变动几次，因为可能有别的竞争对手介入。要是你所放空的股票被卷入了收购案，那你就倒了大霉了。

比如，2006年秋，市面上有消息称阿波罗公司和另外一家私募股权公司——得克萨斯太平洋集团（Texas Pacific Group）正在接近哈拉斯娱乐公司，欲以81美元/股的价格对这家赌场公司进行杠杆收购。我要提醒你一下，当《华尔街日报》《纽约时报》《金融时报》等财经媒体报道大型收购消息的时候（然后CNBC和彭博等电视台会争相转载），消息源头几乎总是匿名的。不过，只要你能够对收购消息密切跟踪，并对市场有很好的把握，就很容易推测出是谁泄露了消息，以吸引公众注意力，以抬高或压低报价，让市场舆论对自己有利。

在阿波罗和得克萨斯太平洋收购传闻见诸报端一周后（有报道称哈拉斯随后“确认”了该消息），收购价便涨到了83.50美元/股。2006年12月，收购价再次提高，达到90美元/股，这使得该收购案成为史上规模最大的杠杆收购。但这桩收购还需要经过内华达州赌博委员会（Nevada Gaming Commission）和其他几个州的赌博委员会批准才能进行，可能得花费一年时间。当收购最后终于尘埃落定时，赌博业的环境已经发生了变化。人们去赌场的次数开始减少，油价上涨勒紧了赌场的预算。我自己的经济和宏观研究使我相信这一趋势还将持续并恶化。但是，虽然我没有交易哈拉斯这只股票，我在其他赌场股（如MGM）上的空头仍然受到了收购案的巨大影响。

2006年年中，我认为对冲基金业已经出现了危险的泡沫，太多的钱追逐着同样的交易，这使得对冲基金的道路越走越窄，不得不买入风险越来越高的信贷工具来实施自己的策略。同时，对冲基金正在蜕变为私募供给者，助长了私募股权泡沫，催生了更大的地产泡沫。而地产泡沫又只是索罗斯口中的"超级泡沫"——信贷泡沫的一部分。信贷泡沫的酝酿时间超过了30年，源头可以追溯到里根–撒切尔时代的放任自由市场政策。

对冲基金正在转变为私募股权基金，反之亦然，金钱源源不断地涌入这两类基金，其中一部分来自证券业的丰厚利润。当时，在自营交易和主经纪业务的蓬勃发展下，证券业利润达到了空前的高度。这两大业务受宽松信贷的推动，赚得盆满钵满，按业绩发放的"奖金池"早已变为了汪洋大海。华尔街正在经历划时代的大疯狂。

总部设在纽约市的，负责追踪证券公司奖金和薪酬的纽约州审计办公室在2006年年底公布了一项数据，据其估算，华尔街奖金池总额达到了240亿美元。花旗、瑞信、高盛、JP摩根、摩根士丹利、雷曼兄弟、美林、贝尔斯登等上市公司CEO的薪水频频登上报纸头条，然而他们的薪水并不是所在公司最高的，与明星交易员相比只是小巫见大巫。在此期间——事实上，可以说是在任何历史阶段，都没有人能比对冲基金经理赚得更多。

2006年春，《交易员月刊》在其第三次对冲基金收入排行榜中写道，“2005年，即使是收入最低的对冲基金人士也能斩获4 000万美元的薪金。”在榜单上，布恩·皮肯斯（Boone Pickens）和史蒂夫·科恩都在一年之内赚到了10亿美元，还有9人赚到了2.5亿美元以上。

据纽约对冲基金咨询公司Hennessee Group的数据，1971年，整个对冲基金业的资产管理规模加起来不过30亿美元。如今，几位精英基金经理一年内从投资者手中收取的利润提成和管理费就能达到这个数字。顺便说一句，数据还表明，1971年，对冲基金曾经经历了一次迷你繁荣期，从1960年的30家公司、10亿美元资产管理规模增长到1971年的140家公司、30亿美元资产管理规模。

在对冲基金业的首次繁荣中，对冲基金经理们借着成长股的东风大捞了一把。当时流行企业集团概念，它们就好比20世纪

60 年代的网络股。这些公司（Textron、LTV、Teledyne 等）连续不断地进行着兼并（以坚挺的股价做后盾），依靠“整合”创造出源源不断的收入流，规模不断扩张，价值不断上涨。但这一切只有在不断有新并购交易进行的情况下才可能维持。而为了保持增长速度，企业集团必须吞下越来越大的交易。最终，这股投资狂热像先前无数次泡沫那样结束了，趋势发生了反转，市场进入下跌螺旋。索罗斯——在成为“击败英格兰银行的人”之前几十年，便在 20 世纪 60 年代末进入资产管理业，做了几笔相当漂亮的卖空交易。当时的对冲基金先锋迈克尔·斯坦哈特也通过大举卖空而大有斩获。

企业集团泡沫破裂后，尼克松、水门事件、越战、全球通胀潮、1973 年欧佩克石油冲击接踵而至，市场一蹶不振。到 1974 年，对冲基金数量又回到了 30 家，资产管理额下降到 20 亿美元。第一次对冲基金“泡沫”已经引起了媒体关注。

在 1970 年 1 月的《财富》杂志上，卡罗尔·卢米斯（Carol Loomis）写到，对冲基金业在 1966—1968 年的业绩疯狂中被清洗了一番，又在 1969 年的熊市中遭受重创。

卢米斯将一部分原因归于阿尔弗雷德·琼斯（Alfred Winslow Jones）身上。琼斯以前是位美国外交家，还当过《财富》杂志编辑，但他最出名的还是于 1949 年建立了世界上第一只对冲基金，启动资金为 10 万美元。卢米斯认为，所有资金经理都对自己管理资金的能力过度自信，而琼斯就是始作俑者。

据说，在截至1968年的10年中，琼斯公司（A.W. Jones & Company）的累计回报率超过了1 000%。琼斯对自己的投资秘诀一直缄口不言，如今，这已经成了对冲基金业的惯例，各位经理都紧紧地攥着各自的赚钱小秘密。

经历了20世纪70年代的衰败后，对冲基金在接下来的几十年中稳步增长。据Hennessee Group公司的研究，到1993年，基金数量已超过1 000家，资产管理规模达到了500亿美元。从2000年到2006年，也就是我从事对冲基金业期间，对冲基金数量从4 000家上升到8 900家，资产管理规模从3 240亿美元上升到1.2万亿美元。

在磁星公司时，我已对对冲基金业忧心忡忡，这个行业就好比在用一个木桶接住尼亚加拉瀑布。但是，就在此时，杠杆收购卷土重来，而我手中控制着数亿美元的资本。如果我的长期做多观点正确的话，我就能赚不少的钱。我有两条路可以走。我可以离开对冲基金业，或者继续尽我所能获取正回报。我选择了留下。但我不能排除心中的不详感觉。**许多对冲基金一开始就没有“对冲”。风险管理看上去也做得很不够。**

在接近2006年年中时，一家叫做不凋花的对冲基金几乎在一夜之间破产。原因是一位叫做布莱恩·亨特（Brian Hunter）的驻卡尔加里交易员采用巨大的杠杆构筑了一个天然气多头头寸，却赌错了方向。前安然交易员、半人马座基金的约翰·阿诺德构筑了一个巨大的空头头寸，几乎凭一己之力将亨特斩于马下。如果不凋花在平时有一套风险管理程序，并且能够在这桩交易上很好地实行，那么亨特一定是采取了某种手段绕过了这套程序，使得风险管理沦为一纸空谈。如果你想像亨特那样使用杠杆进行豪赌，那最好押对边。

我从来没有使用过杠杆。杠杆是魔鬼。我的导师罗素·赫尔曼就从不使用杠杆，我也从来没有想过要与杠杆扯上关系。这使我显得有些迂腐，但我从小受到的教育便是没有必要不要向别人借钱，也不要花（或者赌）不属于我的钱。现在，我更是认定绝对不能在投资中使用杠杆。不过，尽管我在整个职业生涯中都与杠杆绝缘，但这并不意味着我从来没有因做错方向而受到重创。

有一只股票一直是我喜爱的放空对象，那便是奢侈品公司Coach（纽交所代码：COH）。借奢侈品繁荣期的东风，Coach自2000年上市交易以来便一直在稳步攀升，为许多对冲基金经理带去了丰厚的利润。这些家伙的可支配收入可以被他们的妻子和女儿用于奢侈品消费，这对Coach来说可不是件坏事。Coach的股价看起来会永远走在上升通道中。如果你要做空的话，这就是你要找的东西。2006年早些时候，我一度通过卖空COH获得过一点利润，当时Coach的季度利润很不尽如人意，但是，在2006年余下的时间中，我一直饱受着逼空困扰。

亏损使我很痛苦。不过，在我看来，Coach正是投资炒作的象征。该公司正好在我开始跟踪零售板块时上市。其CEO刘易斯·法兰克福（Lewis Frankfort）长袖善舞的工夫一点都不比其他任何CEO差，Coach的收益每个季度都在增长。法兰克福有个儿子在贝尔斯登做股票销售。只要你了解法兰克福，你就不难获知这些信息。很多人都相信他，而他也从来没有令人失望。

在我跟踪零售与消费板块的这段时间里，COH的年度收益从几千万一路上升到5亿美元。其股价也从3美元一路上涨到54美元（经配股调整）。与此同时，法兰克福也成了零售业中薪酬最高的高管。我不厌其烦地对所有人说，Coach是我所见过的炒作得最厉害的股票。

Coach原本是莎莉集团（Sara Lee Corporation）的一个部门，2000年独立上市，其卖点归纳起来无非是每个女人——不论什么年龄、收入多少、住在哪里，每个季度至少需要一只价值250美元的包包。这使我大为惊诧：该公司把收入前景全部寄希望于每个女人每年买上四只Coach生产的昂贵包包。当然了，有的人是会买上四只，但难道就一定是买Coach家的吗？刘易斯·法兰克福操着浓重的纽约口音大谈女士饰品的样子实在是有些可笑。他在名贵手镯和女士满足感、简朴和奢华之间扯来扯去的样子听上去像是纽约喷气机队的粉丝在打体育节目热线。

Coach 并非那段时间中我唯一做空的动量零售股，但却是使我受伤最深的一只。在泡沫环境中放空动量股就好比坐在飞驰的赛车中向窗外吐咀嚼过的烟渣。一不留神全吐在自己脸上。

但是，我在磁星的第一年总的来说过得很成功，也很快乐。我时不时前往埃文斯顿与李托维茨碰面，每次都能学到点儿东西，芝加哥郊外的轻松节奏也令我十分惬意。每天都能和哈里一起共事也是人生一大快事。在磁星纽约办事处，我俩的办公桌紧紧挨着，对比相当鲜明——我的桌子收拾得一丝不苟，每个回形针都有固定的摆放之处；而哈里的桌子上打印的研究报告文件堆得像小山一样高。

2006 年夏，我与劳拉结婚，去圣卢卡斯角[1] 度了两周蜜月。结婚前我在我的湖畔木屋里举办了单生汉告别派对。蜜月假是我工作以来最放松的时光，也是我第一次休长假，使我在进入 2006 年第四季度时浑身充满了劲儿。我不但变得更阳光、更放松，也变得更冷静，因为哈里和我坚持自我，所以我们做出了非常优秀的研究成果，且时机把握得恰到好处。

我们投资了一批我们认为最出色的全球消费公司。由于全球

① Cabo San Lucas，位于墨西哥加利福尼亚半岛最南端，有“世界尽头”之称。——译者注

消费支出正处于前所未有的强劲状态，杠杆收购如火如荼，我们认为我们的头寸能够给我们带来巨大的回报。多年来，哈里和我都非常喜欢四季酒店公司。

首先，我们了解这个牌子。我出差的时候经常住四季酒店，当然花的不是我自己的钱。四季酒店是无与伦比的豪华酒店品牌，以打造最佳饭店为经营宗旨并推向全世界。从我获得的第一手资料来看，没有哪家酒店公司能与之媲美。

其次，华尔街有一种共识，那就是四季的股价被高估了。但我就喜欢与冲基金黑手党间流行的观点对着干。

四季酒店的市盈率确实高。我就是希望这样，高市盈率（比如说 30 倍）可以把其他投资者吓跑或是促使他们卖空。**我关心的是相对价值，以及催化剂，市盈率和我的投资决策没有一毛钱关系**。凭市盈率断定一只股票的价值就好比凭相貌评判一个人。内在美才是真的美，而市盈率纯属荒唐透顶的以貌取人，因为它与实际收支情况（通常非常复杂，很难用一两个简单指标比出个高低来）没什么必然联系。换句话说，**收益可能被过分抬高（遭到债务风险暴露的破坏），也可能被过分贬低（因为公司的财务状况难以厘清或是在进行高成本的创新活动），因此我不使用市盈率指标，而是将公司收益置于全面而适当的环境中考察**。从市盈率角度看，四季酒店毫无疑问是被高估了，瞎子都能看出来。

但是，对我们而言，四季酒店其实是被低估的。让市盈率见鬼去吧。我们深度考察了四季公司的几项关键指标（它有着正的净现金流，营业利润率也不低），也研究了它的扩张计划（每年新开八家店，我们认为可行），还花时间搞明白了它的双航线业务模式（四季公司拥有一部分酒店，另一部分以管理合同的方式与外部所有人合作，以降低固定成本）。我们还研究过该公司复杂的货币兑换问题（这也是一些对冲基金回避这只股票的一大原因。但他们也不想想，自己每年在四季酒店和四季餐厅花了多少钱）。多年来，我们多次前往多伦多，与四季连锁酒店的创始人伊萨多·夏普（Isadore Sharp）面对面交流，他是我见过的最和蔼的高管。他对本季度收益很有信心，也不关心其他人对他怎么看。**像夏普以及耐克的菲尔·奈特这样的 CEO，想的不是怎样把季度收益数字做到市场预期之上，他们想的是击败全世界。**

这也是我在 2006 年即将结束时的感觉——好像自己击败了全世界。我打出了最高分。我的第四季度回报数字看来必定会突破 10% 了。这是我对冲基金生涯的巅峰。我春风得意，我从坚持不懈的努力工作中收获良多，仿佛一切事情都站在我这一边，连运气都非常好。我冲进对冲基金业纯属误打误撞，我在适当的时间被指派跟踪消费股。我一直工作得很努力，但我也得为运气离我，以及离我所在的行业渐行渐远做好准备。

DIARY of A HEDGE FUND MANAGER

第10章 对冲基金不“对冲”

人们创立对冲基金，只是为了攫取高昂的管理费，而没有提供能在下跌时保护投资者的“对冲”。对冲基金刚刚崭露头角的时候被认为是最成熟的投资工具，体现的是最顶尖的投资技巧，在下跌时也理应为投资者提供保护，也就是“对冲”。但现在，对冲基金已经沦为了自我标榜的工具，唯一的作用是创造丰厚的报酬。

有些华尔街人士称弗兰克·夸特罗内“天赋异禀”。其实在华尔街上没有什么天赋异禀，有的只是对金钱的强烈渴望。如果所谓的天赋异禀存在的话，那也是：谁在挣钱？怎么挣钱？我们怎么找到挣钱的法门？

传统的“华尔街”公司（其实它们并不一定在华尔街上）分为两类，即银行和经纪商，或者“投资经纪行”（investment brokerage houses）。后一类也被称为“投资银行”。华尔街有所谓的“五大投行”，也就是“主要投行”，它们是高盛、摩根士丹利、雷曼兄弟、美林和贝尔斯登。①

不管是银行还是投资银行，都有着多种赚钱渠道。它们出售“服务”（比如股票研究分析和主承销商服务），也可以向投资者出售证券和类似证券的工具（这些工具为意欲获取利润的投资者量身定做和分销）。证券的范围很广，可以是股票 IPO，也可以是更加奇异的类型，比如“信用衍生品”，而“资产支持证券”就是其中一种，其本质是一种债券，与基础资产的未来收入流——如未来多年内的抵押贷款支付流挂钩。银行还可以从事千年不变的业务——贷款。在这一点上，**对冲基金可以变为银行，而银行也可以变为对冲基金。**

普通大众要想知道华尔街的运作方式，与其去纽交所参观穿着马甲的场内经纪人如何忙得不可开交，还不如看看电视里的新闻主播对道琼斯工业指数变动作何评论。如果你真的想了解华尔街的话，那就得了解大量不同的业务模式和分野，这些模式和分野又包括了次级分类、领域、部门和细分。所有这些都打着诸如“资本市场”（银行业务与交易业务）和“资产管理”的幌子。这些主要团队又可以进一步分为数不清的次级团队、单元和小组，各自追踪全世界不同的赚钱机会和市场，相互之间作用密切，形成了

① 2007 年金融危机爆发以来，五家主要投行都受到了极大的冲击。它们或者转为银行控股公司（高盛和摩根士丹利于 2008 年 9 月转型为受美联储保护的银行控股公司），或者被银行收购（美林于 2008 年 9 月被美国银行收购），或者倒闭（贝尔斯登于 2008 年 3 月以 10 美元 / 股的跳楼价被 JP 摩根买走，而雷曼于 2008 年 9 月破产，其残留的一部分被巴克莱收购）。——作者注

一张巨大的金融关系网。

有一项业务，各大银行自从2000年3月至2002年10月的熊市（标普500指数在31个月间下跌超过50%）结束以来便开始竭力争取。毫无疑问，这就是对冲基金业务。**主要投行不再满足于为对冲基金充当经纪人、贷款人、推动者，它们要培育自己的对冲基金，在卖方帝国中开辟买方领地。**它们采取的方式是在内部建立对冲基金部门，这些部门拥有自己独立的名字，如高盛资产管理公司（Goldman Sachs Asset Management，GSAM）、贝尔斯登资产管理公司（BSAM）和德意志资产管理公司（DeAM）。这些大实体内的小实体又各自有着自己的部门以及部门中的部门。

> GSAM的主要组成部分是一批量化绝对回报对冲基金。BSAM不仅面向投资者推出单独管理的资产组合、共同基金和基金的基金，也向他们提供对冲基金。“高等级结构化信贷策略基金”和“杠杆高等级结构化信贷策略加强基金”①就是其中两家。
>
> DeAM同样打着资产管理的旗号玩着对冲基金，它的对冲基金部门叫做德意志银行绝对回报策略部（DB Absolute

① 英文原名分别是High-Grade Structured Credit Strategies和High-Grade Structured Strategies Enhanced Leverage。——译者注

Return Strategies），旗下有一个对冲基金部门叫做德银顾问资本管理（DB Advisors Capital Management），德银顾问又有一个对冲基金部门叫做 QVT 金融（QVT Financial），主管是赫赫有名的交易员丹·戈尔德（Dan Gold），他手下有一整队人马，从事各种证券的投资活动。2003 年，QVT 脱离德银顾问独立运作，资金由德银提供。

几年后，德银绝对回报策略主管里克·戈德史密斯和其同事、德银自营交易部门主管拉尔夫·雷诺兹一起与私募股权公司凯雷集团合资创建了一家对冲基金合伙公司。

与银行觊觎对冲基金业务一样，像凯雷这样的私募股权基金也对此跃跃欲试。凯雷已经采取了一系列与黑石和城堡公司截然不同的小动作。**对冲基金正在变成银行，将上市公司私有化；而私募股权基金正在变成对冲基金，并开始图谋上市。**只要有资金供给，金融业就来者不拒。况且目前市面上资金充裕。

凯雷集团在其与戈德史密斯和雷诺兹合资的对冲基金合伙公司中占 25% 的股份。新合资公司将被称为凯雷-蓝波。旗下首只基金是凯雷多策略合伙基金（Carlyle Multi-Strategy Partners）。这只基金由许多次级策略组组成。

2006 年 11 月的一天，猎头找到了我，对我说凯雷在如何计划，而我与之如何相契合。在与负责蓝波创始事务的最高层会面后，我在合同上签了字，这时是 2006 年圣诞前后。我将在这史上启动规模最大的对冲基金之一里主管消费板块。接受这一职务并非难事，让我头疼的是如何将这一消息告诉哈里。

当时，哈里与我可谓春风得意。四季酒店公司刚刚发布新闻说其将以 37 亿美元的价格被私有化收购，购买者中包括现有股东微软创始人比尔·盖茨和沙特王子阿尔瓦利德·本·塔拉尔（Prince Alwaleed Bin Talal Alsaud）。购买方出价 82 美元 / 股，相当于对现价溢价 28%。11 月上旬，四季酒店股价飙涨。一切都在向我们预想的方向发展。我们的“价值加催化剂”方法在 2006 年第四季度所向披靡，该季度也成为我从业以来的最佳季度，回报率远远超过了 10%。这也是凯雷看上我的原因。哈里与我想出了绝妙的主意，也做足了功课，因此获得了美好的回报。但现在我必须告诉哈里我要走人了。对我来说，这并不好受，我感觉如芒刺在背。这是我自耶鲁冰球队谢幕战之后最难受的时刻。哈里得知这一消息非常失望，但他并没有多说一个字。他没有，因为他不想让我更难受。

我于 2006 年年底离开磁星，2007 年 2 月赴凯雷-蓝波履新。当时，对冲基金和私募股权公司狂热已呈白热化之势。就在我离开磁星、加入凯雷期间，对冲基金与私募股权公司、位于纽约市的城堡投资集团非常成功地实现了 IPO。

城堡投资集团创建于 1998 年，创始人是前雷曼和黑石高管韦斯利·伊登斯（Wesley Edens）。其他两位合伙人，兰德尔·纳尔丹（Randal Nardone）与罗伯特·考夫曼（Robert Kauffman）亦是前黑石员工。城堡集团兼做私募股权和对冲基金，业绩彪炳的吊桥特别机会基金（Drawbridge Special Opportunities Funds）和吊桥全球宏观基金（Drawbridge Global Macro Funds）便属该公司旗下。吊桥系列基金的负责人是两位前高盛合伙人，彼得·布里格尔（Peter Briger）和迈克尔·诺沃格拉茨（Michael Novogratz），他俩以高级合伙人的身份加入城堡投资，身价随之暴涨。

城堡投资的发行价为18.50美元。2007年2月9日是其首个上市交易日（纽交所代码：FIG），当天收于31美元，为五位高级合伙人带来了数十亿美元的纸面富贵。

没过多久，2007年春，已有22年历史的另类基金管理公司黑石宣布向中国政府出售10%股权，作价30亿美元。由此可以轻易算出其全部价值：300亿美元。

2007年4月，凯雷-蓝波在数个月的准备和募资后正式起航。第一批投资者中包括不少大型公共退休基金。蓝波的募资额为10亿美元，于2007年4月募满，但只占凯雷总基金资产的一小部分。凯雷旗下大多是私募股权基金。2007年，凯雷资产规模一度达到750亿美元。

与在磁星的经历相似，我在凯雷一开始并不顺利，但这一回，我没有像在磁星时那样扭转乾坤。每次只要我一卖空，交易对象就会爆出收购或兼并传闻，要不然就是基金持仓公开披露公告，使其股价上涨。这使我非常苦恼，我的研究在这样的泡沫环境中全无用武之地。只要比尔·阿克曼买入 5% 的股份并上报 13-D 表格[①]，便足以使其他对冲基金经理亦步亦趋，打破任何实际或逻辑上的合理估值。

2007 年，阿克曼开始大举建仓明尼阿波利斯零售商塔吉特，成本价在 60 美元上下，而塔吉特正是我的卖空对象。我研究了美国商务部数十年来的消费者支出数据，发现该数据自比尔·克林顿首个任期以来已连续扩张了 60 多个季度，打破了乔·迪马吉奥（Joe DiMaggio）1941 年的安打纪录[②]。我预计消费支出将于 2007 年年底或 2008 年年初转为负增长，而且将持续收缩，就像 1973—1975 年那样（当时消费支出在 6 个季度中有 4 个出现了负增长）。但历史经验与阿克曼的 13-D 表格比起来算得了什么呢？

“冲啊，拿下星期一！接着搞哪个？”我不想抱怨谁。在我

① 在 1934 年证券交易法第 13 条 d 款规定，机构资金管理人若持有上市公司股份累计比例超过 5%，就必须在 10 日之内递交 13-D 表格。该表格将向公众披露。这也是公众除客户信之外唯一能一窥对冲基金操作的途径。——作者注

② 乔·迪马吉奥是纽约洋基队棒球巨星，1941 年在连续 59 场比赛中打出安打，这一纪录至今无人能破。——译者注

们金碧辉煌的曼哈顿中城办公室中，有不少交易员挑衅地看着我，仿佛在说，“怎么样，伙计，要淡定哦。”

作为最为活跃的交易员，我的位子在交易室正中央——这也是里克和拉尔夫给我的承诺，正好与王牌交易员史蒂夫·马科维茨（Steve Markowitz）对面，他懂我的幽默。我经常向投资组合经理同事们作演示，在白板上写写画画，但我看得出听众中知音甚少。

我喜欢用字母缩写语，最喜欢的一个词是“R.I.P–TE”。这个词对我而言是万能词汇。它意味着“安息”（Rest In Peace），发音又与“受创”（ripped）一词接近。

> 我们经常看到普通大众在一大堆因素的共同作用下遭受打击，包括利率（Rates，抵押贷款利率又重置了吗？）、通胀（Inflation，油价马上要涨到5美元了！）、保护主义（Protectionism，要是中国不愿意全包这些美国国债怎么办？）、税负（Tax，民主党要来了，民主党要来征税了！），以及就业（Employment，或者它的对立面，失业）。

但似乎没人能够理解我的双关语，也没人在乎我的宏观判断。我发誓在会议过程中我听到有人在窃笑，好像在说：“天哪，基思在讲宏观！”拉尔夫同意我的大多数意见，但其他高级投资主管大多认为我太悲观了。我觉得我糟糕的投资业绩（我的投资组合出现了亏损）使得我的同事们无法接受我和我的观点。毕竟，我关注宏观面，你不可能总是靠管理层的消息过活。

我的工作进展得相当不错，作为凯雷的员工，我获得了很多以前无法获得的与管理团队一对一碰面的机会，在通常情况下，公司高管一次会见五位投资组合经理和分析师也不稀奇，付青菜价参加会面的对冲基金多如牛毛。在零售业聚会上，我认识的和认识我又知道我刚与某个 CEO 或 CFO 一对一面谈过的分析师总是想尽办法和我套近乎，和我热情地打招呼，其实是想从我嘴里套消息。每次遇见这种情况，我就假装在打电话，于是我在行业聚会上总是“在打电话”。

我雇了一个非常优秀的分析师小组，这些人是我从三四十名面试者中亲自挑选的。

我的“边锋”胡马云·萨利赫（Homayoun Saleh）来自齐夫兄弟公司（Ziff Brothers，齐夫家族执掌的私人资金管理公司），是哈佛商学院贝克尔奖获得者①，聪明绝顶。

埃里克·赫斯（Erik Hess）来自埃德·海曼（Ed Hyman）的传奇性宏观经济研究公司 ISI 集团，曾经是那里最年轻的董事总经理。

还有一位初级分析师，哈米什·梅塔（Hamesh Mehta），他以前在麦肯锡公司当管理顾问。梅塔是新加坡人，服义

① 贝克尔奖（Baker Scholar）是哈佛商学院最高荣誉，颁给毕业生中成绩最好的 5%。——作者注

务兵役期间被战友们推举为最佳战士。

最后还有塔尼娅·克拉克（Tanya Clark），她具有丰富的办公室管理经验，在道森–赫尔曼公司时就开始追随我了。

在凯雷–蓝波，我的出差预算十分充裕，条件也便利了许多，但在一些重要的方面，我并没有觉得比以前更满足。这主要是因为我在亏钱。亏钱实在是令我蒙羞，我以前从未遇到过这样的局面。但我还是对工作全力以赴，搭乘每天凌晨4∶03分的火车上班，5∶15分第一个跨进办公室。

看得出来，同事们都很抵制我看空市场的观点。即使有人同意我的观点，也往往不会吭声。我不在乎。我无视媒体对“对冲基金”经理一词的炒作，也不在乎坚持己见可能令我亏钱。**我和坐在我旁边的那个家伙一样喜欢赚钱的感觉，但我想我更喜欢布置整个交易决策的感觉，那种伏击的兴奋。**也许这是一种众人皆醉我独醒的感觉。**我最大的动力便是有人对我说，我不行：**

你进不了桑德湾青年队，你没准备好。你不能跟踪矿业股，你的职责是消费及零售板块。你做不了宏观研究，你又不是索罗斯。你不可能踩对市场节奏，你又不比其他人更英明。

现在，我的同事们在我背后指指点点，有些人更是公然对我出言不逊。我觉得我的职业生涯正在面临挑战，就因为我在投资会议上反对市场的狂热情绪，反对我们所处的行业中出现的泡沫。不过更重要的是，我并不在乎这些。我从来不在乎别人怎么看我。打冰球的时候我就喜欢“鸟叫”，要是有人因此讨厌我，那是他的事情。

在祖父身上，我认识到他之所以能够开创一个又一个营生，是因为他的朋友和亲戚都认为他不行，是因为他能够忽略别人对他的看法。我还读过戴维·纳沙（David Nasaw）的《安德鲁·卡内基传》（*Andrew Carnegie*）。这位钢铁巨人曾经离开美国很长一段时间，潜伏在苏格兰乡村山间城堡中，整日以垂钓消遣，同时以不同于对手的方式思考着世界。最后，卡内基大获全胜，因为只有他把握住了历史的潮流。

我坚持并一再宣扬的观点，即经济风暴正在酝酿，比我所有的凯雷-蓝波同事更高明。

2007年年中，彼得·蒂尔和约翰·保尔森等对冲基金已开始做空房地产泡沫。纽约大学教授努里埃尔·鲁比尼（Nuriel Roubini）[①] 和耶鲁大学教授罗伯特·希勒此时也已

① 想了解努里埃尔·鲁比尼的观点，请参考《末日博士鲁比尼的金融预言》，本书中文版已由万卷出版公司出版。——编者注

公开宣扬房市崩盘论。但是，与1929年9月的罗杰·巴布森（Roger Babson）一样，他们也被打上了末日理论家的标签。

有一家已被私有化的餐饮连锁公司也认为麻烦正在一步步逼近，并从未对此遮遮掩掩。由于已经不再是上市公司，其管理层不再为季度盈收必须不断增长所困扰（让我们在月球上开个必胜客与塔可钟 [Taco Bell] 联合快餐店吧！），可以向我开诚布公地谈论自己对连锁经营的看法。我与OSI餐饮合伙公司（OSI Restaurant Partners）的管理层和它旗下澳美客牛排馆的几家门店负责人会过面。OSI被两家私募股权公司——贝恩资本（Bain Capital）和卡特顿合伙公司（Catterton Partners）收购。收购案2006年下半年便已公告，但直到2007年6月才被股东大会通过。在收购案完成后，我与OSI的讨论便没有什么顾忌了。

在我看来，很显然，前景并不乐观，可支配支出空间正在面临挤压。

人们不会再像以前那样频繁地点Bloomin' Onions[①]了。同样，他们也不会像过去那样频繁出入赌场、购买Coach皮包，或是在塔吉特买上两大包减肥绿茶了。因为他们的

① 这是澳美客牛排馆的一道菜。——译者注

> 收支状况正在恶化，能源价格正在攀升，信用卡债务正在增加，房屋投资也不像以前那样管用，因为抵押贷款利率正在重置，从以前极低的水平一下子提高到了令人难以承受的高度。我管这叫消费者“受创”（getting R. I. P. –TE）。

常识告诉我，我的熊市观点至少应该被认真考虑，但每当我在投资委员会会议上吐露类似的观点，甚至只要使用稍稍不那么动听的字眼，就有凌厉的眼神向我投射过来，好像我应该被送进精神病院似的。在交易室里，我周围的同事们能够部分地理解我所说的东西，但我感觉我激进的卖空操作使我说话的分量轻了不少。虽然我不至于被压垮，但空头仓位一直在使我亏损。突然间，基思从“说得对”变成了“冰球场上的软肋”。与投资委员会的其他成员相比，我还十分年轻。我估摸着他们中不少人在想，基思到底在想些什么？有的同事会这样说：“嘿，跟踪这只股票的家伙和对冲基金都喜欢它，基思。你干嘛还要放空它啊？比尔·阿克曼认为塔吉特几年之内能翻番呢，你干嘛要放空它？”

而我所能做的只有坚持己见。**我的观点是我自己经过大量研究得出的，而不是在披露文件后面跟庄、找小道消息或是拾学术人士的牙慧。**这是我自己的成果，因为我知道没人能在消费者支出争论中说出我说的那些话。我的话听起来可能有些傲慢，这大概也是一些蓝波同事不买我的账的原因。

2007年7月1日，我回老家度加拿大独立日，与弟弟瑞恩坐在湖边喝冰凉的啤酒。苏必利尔湖虽说是世界上最深的湖泊之一，但靠近湖岸处水却很浅，你可以向湖心走100来米，水才刚好没过膝盖，于是我们就把苏必利尔湖当成了冰箱，带着啤酒走入湖中，一边等啤酒凉下来，一边回望湖岸。瑞恩喜欢投资，也喜欢听取我的看法，特别是当我的看法生效的时候。但最近，他因为听了我的话而一直在亏钱。这是瑞恩第一次因为听我的而亏钱。他知道我对经济的总体看法。

> 两周前，两家BSAM旗下的对冲基金爆出了大麻烦。贝尔斯登将坐视其中一家倒闭而为另一家提供贷款，投资者因此白白损失了15亿美元。但这一新闻并未阻止凯雷再成立一家合资基金公司。新公司叫做凯雷信贷公司（Carlyle Credit Corporation，CCC），凯雷占股比例为15%，将在泛欧-阿姆斯特丹证券交易所挂牌。CCC将使用杠杆买入使BSAM遭受重创的高风险抵押贷款支持债券。与此同时，黑石成功完成IPO，在我看来，这又是丧钟不远的切实信号。

瑞恩回望湖边的那座三层木屋——我买下了那块地，瑞恩和父亲用双手建造了这座木屋，他问我对市场有何见解。我告诉他，我从来没有如此悲观过，甚至比年初的时候感觉还差，我将向下摊薄我的空头头寸。“那么，你是真的认为一切将以悲剧收场了？”

瑞恩问道。

“是的。”

“什么时候呢？”

我记得我也回望湖岸的木屋，对他说道：“现在。”

悲剧还没有到来。从华尔街最受关注的晴雨表——股市来看，道琼斯和标普500还在节节攀升。在8月中旬到9月中旬期间，股市受到了一点震荡，这是因为美国次贷市场问题开始发酵，高风险信用债券价值开始缩水，导致欧洲银行遭受打击。我的卖空操作似乎开始见效。但这时央行开始出手阻止崩盘了。8月17日，美联储下调贴现率（即美联储贷款的利率）0.5个百分点。在2007年8月24日的《投资日记》中，我记录了其他人发给我的关于次贷危机苗头的研究摘要：

雷曼宣布关闭其次贷部门；俄罗斯央行开始支持卢布；《华尔街日报》报道说一些贷款人已收紧信贷并向汽车和个人贷款课以更高的利率；惠誉开始分析价值920亿美元的次贷支持债券，这一般是降低评级的先兆。

我在这些消息上面写道：**“2008=金融事件还是经济衰退？”**

劳动节过后，对冲基金经理们——那些杠杆多头，带着黝黑的皮肤、放松的心情从8月的汉普顿[1]归来，准备继续享用市场盛宴。9月的第一周，标普500指数上涨了2.2%。9月10日至10月底，又上涨了6.7%，虽然期间英国抵押贷款商诺森罗克银行（Northern Rock）因在次贷中损失惨重而引发了大英帝国一个世纪以来首次挤兑事件。由于美联储下调了利率，且人们认为"次贷危机"充其量只影响整个抵押贷款市场几个百分点，根本是小菜一碟，因此股市继续，持续上涨。我的空头仓位（谷歌、Williams-Sonoma、塔吉特、永利酒店）遭受重创，我又一次错了。

但我仍然认为，不，我没有错。我是对的。

见顶信号依然闪个不停。又出现一个：凯雷集团公告说它正在向迪拜穆巴达拉发展公司（Mubadala Development Company）出售7.5%的股权，作价13.5亿美元。

每一天，我都在我的笔记本上记下新消息，情况越来越令人担忧。我清楚地感到，整个图景正在逐渐展开，变得越来越清晰。

2007年10月3日，受弗劳尔斯（Flowers）/刻耳柏洛斯预测推动，N Rock上涨10%：**病入膏肓的市场中的希望综合征……**

10月8日［记于一则某26岁对冲基金交易员亏损3.53亿美元的消息旁］，**荒诞的牛市……**

---

① 位于长岛，金融界人士喜欢到那儿去消夏。——译者注

10月15日[记于《巴伦》周刊标题《中国能飞多高？》（*Just How High Can China Go?*）旁]，**顶部情绪**。

同一天，10月15日，福克斯推出商业频道：**见顶了**。

这本笔记记录了我在2007年8~10月三个月的投资日记。最后一篇日记记于10月份最后一个交易日。

那一天，我引用了一句谚语：**“聆听，否则你的舌头会让你变聋。”**

2007年11月2日，午餐时间我溜出办公室，前往第五大道的一间百货店买了一双新鞋，一双黑色的菲拉格慕（Ferragamo）。再过一周，我的第一个孩子就要出生了，我无法抑制内心的激动，仿佛我的人生即将告别一个段落，开启另一个崭新的篇章。我的空头头寸开始盈利，这使得我的压力减轻不少。我确定，第四季度将会是一个辉煌的季度，我等候重振雄风已经好久了。

人事主管奥德拉·帕滕娜（Audra Paterna）通知我去会议室见她、里克·戈德史密斯和拉尔夫·雷诺兹。我感觉他们这回要还我一个公道了。我走进会议室，坐下。拉尔夫与往常一样安静，而风趣健谈的里克一反常态，也显得相当冷酷。他对我说，公司的资金链出了点问题，他们如何预见到了这种情况，又打算如何削减成本，而“由于你的团队有着最大的成本结构……”他说到这里就停了下来，甚至不敢看我，尽管我就坐在桌子对面。我卷起袖子，问道：“你们要炒掉我了？”“我们不得不让你离开。”

你也许猜到我感到很不爽，我在整个2007年遭受的屈辱全部爆发了出来。但我还是控制住了，没有失态。

里克和拉尔夫看起来真的也不太好受，于是我平静地说道：“你们知道，伙计，你们搞个突然袭击把我裁掉我很生气。不过，还是谢谢你们为我提供了这么个机会。我自认为无愧于这个职位。但我知道你们不这么想。”

接着，我必须解雇我的团队，清理我的部门。我从来没有被炒过鱿鱼；我从来没有被哪个队伍扫地出门。我估摸着当出口的大门向我敞开的时候，我的表情是震惊的，而不是淡定的。我独自一人坐电梯下楼，走到中央车站。我对自己说：再见。

再见，祝你好运。

11月7日，星期三，凌晨4：02，妻子劳拉为我带来了一个重3.8千克的男婴。我们用双方父亲的名字为他起了名：约翰·亨利（John Henry），还起了个小名“杰克”。在哥伦比亚大学长老会医学中心产房门外等候的时候，我看着朝阳发出第一道光芒，看到纽约天际线逐渐清晰，我对跳出对冲基金圈感到由衷的高兴。

现在开始，我所做的一切都是为了他们。

我对被蓝波扫地出门还有些耿耿于怀，但这段时间也是我出生以来最自由的一段时光。我可以睡到5点半才起床，可以不知疲倦地阅读非虚构作品。每当前同事、朋友（或者猎头）来电或电邮询问我的近况时，我总是说："我退休了。"对冲基金业待我不薄，我已经赚够了钱，现在是享受和家人待在一起的时候了。

要让我停止追踪市场是不可能的。标普500在10月9日创下1 565.15点的新高后便开始下跌。我在蓝波早已放言，美国消费支出在2008年上半年某个时候由正转负的概率很大，因为信贷机制（银行贷款）正在被破坏。感恩节后不久，达里尔·琼斯——我的冰球老队友兼道森-赫尔曼分析师给我打了个电话。这段时间我一直在尝试写金融博客，并在朋友间广而告之。琼斯告诉我，我的想法是何其新颖和准确。

不少人开始和我说："你应该去开个研究公司。"

这个主意不错。我看空自己的行业，并将这一点告诉所有愿意听我说的人。**对冲基金业不是一个可持续的行业，因为人们并没有把对冲基金看成一种生意，没有人愿意为对冲基金创造一种持续的、清晰的、能产生结果的流程。人们创立对冲基金，只是为了攫取高昂的管理费，而没有提供能在下跌时保护投资者的"对冲"**。对冲基金刚刚崭露头角的时候被认为是最成熟的投资工具，体现的是最顶尖的投资技巧，在下跌时也理应为投资者提供保护，也就是"对冲"。**现在，对冲基金已经沦为了自我标榜的工**

具，唯一作用是创造丰厚的报酬。这个行业已经供过于求，从业人员也是鱼龙混杂。我了解他们，因为我和他们是同一个圈子里的人。

在上一代人中，确实有一批天才的投资组合经理，比如索罗斯、罗伯逊、斯坦哈特，还有库珀曼。他们仅仅收取 1% 的固定管理费，而不是 2%，而且他们把自己的财富也投入其中，以此来证明自己的挣钱能力。但是，在从“1+20”到“2+20”的转变过程中，在基金的基金与富豪榜出现的同时，这个行业堕落了，丢失了自己的基本原则。**对冲基金不再是高端金融鲜为人知的角落，这个行业出现了令人恐惧的巨大泡沫。**2005 年以来，华尔街、华盛顿以及电视媒体一直不停地说这个泡沫迟早要破，大家得小心。当然，**泡沫注定是要破的，无非是早晚而已。**

幸运的是，我跳出了这行。我已经赚够了钱，我做梦都不敢想象这辈子能赚到这么多钱——拥有其中 1% 我就已经心满意足了。这一切，只是因为对冲基金泡沫还没有被戳破，但它马上就要破灭了……

DIARY of A HEDGE FUND MANAGER

第11章 最坏的情景成了现实

在所有的价格信息中，我只关注收盘价。人们总是喜欢谈论基本面研究，但对我来说，价格就是最大的基本面。不可否认，价格就是一切，市场力量抵达何处、有何企图，都能在价格中找到。然而，我感到更多的是焦虑，而不是得意。

对冲基金生涯中最让我印象深刻的就是全身心的投入。其实我很讨厌早起，但我很享受把我的笔记本和脑袋用各种各样的参考消息、价格点、水平线、新闻标题、全球宏观观察以及其他东西填得满满的，然后再分析各种信息之间的关系的感觉（只有记录下来的东西才能印进脑子里）。我开始写博客的原因之一便是保持这种分析事物的练习。我自己做早盘展望，而不是消磨时间。我看着儿子，他那么小，小得可以塞进高尔夫球袜里头。看着他，我想起了自己。当他长大后，我可以给他看我在华尔街干过些什么。对于我来说，现在的感觉就像是在冰球场上因打出臭球而被驱逐出队，而事实上我认为我打出的是生命中最精彩的比赛。

因此，我仍旧早起，在“咕咚咕咚”喝下麦片粥早餐后便开始了我的工作。我从不设置什么猫腻，我公开我的一切，这就是我的新生活。我将我的博客网站命名为 MCM 宏观（MCM Macro，MCM 是“麦卡洛资本管理”[McCullough Capital Management] 的意思）。我每天早晨更新，通常是在 5 点半左右。我从没想过打造金融博客的下一个大事件，从没想过要向 The Big Picture 和 Seeking Alpha 这样的大热网站挑战，也无意卖弄什么大智慧（好吧，也许只是小聪明），**我只是想贡献一点光，大声对华尔街那群杠杆多头说“不”，这些人正在玩一场自我欺骗的把戏。**

在我最早几篇日志中，有一篇（发布于 2007 年 12 月中旬）将矛头指向了杠杆多头群体，也就是那群伤害过我的对冲基金看多者。这群人和每年 7 月穿着白衣在潘普洛纳又老又窄的街道上狂奔的人没什么区别，仗着人多势众自以为很安全，实际上离致命危险只有咫尺之遥。① 我认为这群人创造了一个泡沫，然后生活在这里头。以下是这篇日志的全文，除了字体之外什么都没有改动。

> 2007 年 12 月 19 日星期三
>
> MCM 宏观早报 2007.12.19……
>
> **“洪流滚滚：揭开高盛杠杆多头的画皮”**

① 指潘普洛纳（Pamplona）奔牛节。潘普洛纳是西班牙北部小城，每年 7 月 6 日至 14 日举行奔牛节，参与人数甚众。每年都有人受伤，死亡事故也屡见不鲜。——译者注

我认为，说我在昨天高盛早会之前扒了他们的画皮是很恰当的。高盛股票在技术上已经形成了向下突破，收于7周以来的新低……没有买入高盛真是太棒了！如果买入了那个所谓的“对冲基金”（高盛管它叫“高盛阿尔法”），那就太惨了……

顺便说一句，按照维基百科的说法，阿尔法是一种风险加权测度，可以用来度量某项投资的所谓“超额回报”。阿尔法被广泛用于度量积极管理基金的业绩，因为它代表着超过基准指数（即所谓的“无风险”投资）的回报……

本周的MCM策略将专注于经济周期的分析（效果）。高盛股价峰值（247.92美元）恰好出现在华尔街一直唱多、大谈“这回是全球大牛市”之际，这难道是“巧合”吗？做人不能太本·斯坦（Ben Stein）[①]，高盛股价见顶是在10月31日，正好是对冲基金发布业绩以吸引更多资金的日子，天下还有这种巧事儿！所以我才不会买高盛呢！高盛股票已从峰值下跌了18.7%，中国股市（上证综指之类）也下跌了18.2%……我知道，这可能只不过是惊人的巧合而已，是“统计过失”而已。某些“宽客”（比如高盛阿尔法）将他们8月的糟糕业绩归咎于……

经济周期将揭开一大批“巧合”，这就是其中最大的一个，因为这是“全球机会”……

今天就到这里，祝大家好运。

基思·麦卡洛

① 本·斯坦，美国政治与经济评论家，在2007年肇始的经济危机中始终唱多。——译者注

在我的宏观图景“晨间观望”中，我还表达了对亚洲的担忧。我将亚洲视为我全球消费放缓理论的一部分。除了关于亚洲的内容（上证综指收高，香港亦然，但成交量低迷，日本收低），我还写了点关于欧洲（欧洲央行主席特里谢［Jean-Claude Trichet］发出的信号是，不管有没有全球大紧缩，他都没有下调利率的打算，因此我看空英国。在此之前我对英国持中性态度，以避免遭受减息的打击）、南非（连续第二天暴跌）、巴西（看多）、商品（我写到，黄金就像它的质地那样坚挺；通胀压力使主要商品本周上扬），以及货币（美元正处于强势之中）的东西。我甚至还谈了点华尔街发生的事情。我写到联邦检察官正在调查贝尔斯登抵押贷款支持证券投资组合经理，据说他在亏掉客户资金、遭遇清盘之前先平掉了自己的200万美元仓位。以下是日志内容：

> 但这是一场灾难，不管你从哪个角度看都是如此……贝尔斯登曾经被认为是金融业内最好的投资公司之一，而我们现在看到少数人的贪婪和渎职是如何摧毁数十年来辛辛苦苦建立的关系和信任的……

在我写这篇日志的时候，贝尔斯登的股价已在2007年下跌了43%。有传闻说吉米·凯恩（Jimmy Cayne）和他的团队打算放弃今年的奖金。盖头被掀起了，我写到。最后，我写了点宏观观察作为日志的结尾，都是些我一直在进行的工作，比如“以美联储为中心，以美联储减息刺激牛市为树木，以信贷 / 资本宽松程度为森林”、“债券、银行和救助行动”，以及“美国正在触底中”之类。我甚至还写了一些交易结果：

> 做多 9 种股票，其中 eBay 买入价为 31.70 美元，卖出价为 34.91 美元；也做空了几只，比如 WYN，在 28.19 美元处放空，在 27.39 美元时轧平。

我得特别指出，这些交易都是“纸上作业”，但我是像以前一样充当这个虚拟投资组合经理的，我每天在博客上更新，以保证人人都能核准我所发布的内容和所做的交易。**我是站在完全披露的立场上写这个博客的。所有的一切完全透明，可以核对。这是对冲基金这个行业最缺乏的东西。**许多基金完全是暗箱操作，连个小窥孔都没有。哦，不对，窥孔还是有的，那就是客户信（the client letter）。

没有什么能比按月或按季发给“亲爱的客户”的信件更傲慢、更不透明的信了，但这还是公众一探对冲基金究竟的唯一途径。客户信一般都写得含糊不清，信息含量甚少，就好比是妄自尊大的家长寄给你的假日卡片，你别指望在这玩意儿里看到其他家庭成员在干些什么事情。**大多数对冲基金不想让客户知道太多关于基金行动的事情。**由于客户信通常会流入媒体之手，因此一般由律师行代为执笔，上面写满了法律上的威胁恫吓。我不知道这些是不是就是对冲基金所谓的投资者关系。①

诚然，不少富豪将钱投给最好的对冲基金经理之后便不闻不问，不去、也不打算去了解基金经理的操作，只是在业绩不佳时才会去兴师问罪。到时候可能闹到打官司的地步，不过一切都为时已晚。**最好的对冲基金经理很讨厌被俗事打乱节奏，很不情愿回答不知趣的投资者所问的低级问题，**这些人总是在业绩不好时问这问那，在基金所向披靡时从来听不见他们发声。但是，我没有客户，进行的交易也只是纸上作业，那为何不让人们知道我所有的动作呢？

除了建立起完全的透明度外，我还为看空者和杠杆多头提供了一个辩论平台。我收到了不少反馈，一些人对我嗤之以鼻，一些人则给了我不少建设性意见。有时我会收到令人讨厌的电子邮件，通常来自某位杠杆多头对冲基金人士。这类信件只能激起我“鸟叫”的兴致，因为我知道，真理站在我这边。下面是 2008 年 1 月 6 日星期日的日志。

2008 年 1 月 6 日，星期日
MCM 宏观周末策略，2008.1.6……
“真正的对冲基金对冲”

如果你真的想激怒一根儿筋的杠杆多头或集中投资的

① 2009 年 1 月，《机构投资者》杂志曾经组织过一场讨论会，有不少对冲基金市场主管出席。据与会的对冲基金公共关系负责人托马斯·瓦里克（Thomas Walek，译按，此人似乎是《机构投资者》负责和对冲基金打交道的人）透露，对冲基金在与客户沟通时极尽恐吓之能事。在那次讨论会之后的演讲中，瓦里克说：“从头到尾，与会者都对对冲基金客户沟通能力如此之低感到百思不得其解……用一位观察者的话说就是‘场面粗野，相当粗野’。”——作者注

对冲基金经理，只要提醒他们你在“宏观”观点上如何英明神武地看空即可。你还可以问问他们为什么没看到熊市的到来……

最近，对冲基金游戏变得非常奇怪。这是我所知的唯一一个可以用相对表现来为失败开托的游戏。星期一的时候，大多数美国对冲基金都会出现以下内部对话：

“我们才跌了几个百分点而已”……

“听说有个家伙玩完了”……

“你打听到其他人的数字怎么样吗？”……

“史蒂夫还好吧，听说他搞得一团糟”……

“你给 CFO 打电话了没有？他家股票到底是怎么回事”……

“瞧这只股票，它太便宜了”……

现在，想象一下真实世界中的运动员们（这是我唯一能够想到另一种薪酬由表现决定的职业）说类似的话。匹兹堡钢人队昨晚在季后赛中以 29 : 31 输给了杰克逊维尔美洲虎队，在更衣室中，四分卫本·洛特里斯伯格（Ben Roethlisberger）对身边的人说道：“华盛顿红皮队败给西雅图海鹰队时输得更惨”……或者，他说：“我才不在乎传球被拦截呢。我有合同保护[①]”……你有何感想？

我能给你做的唯一保证便是，如果熊市持续的话，美国对冲基金将和美国经济、美国银行体系一起陷入一个危险的循环中。

① 指的是美国橄榄球联盟（NFL）的合同保护。——译者注

我以中期“趋势”判断作为这篇日志的结尾。我对美国市场持悲观态度，但我仍旧建议了几个短期的“交易”——轧平超卖的空头头寸锁定一些利润。我的趋势-交易方法建议我的读者不要在中期过于看空，因为我曾经多次吃过多头的苦头。但在长期趋势上，我的意见相当坚决。我所谓的“交易”指几天到几周的短期，而“趋势”则要持续几个月。正如我指出的，一些不同意我观点的对冲基金对我出言不逊，这让我很伤心。“够了，别再说自以为是的蠢话了。你是个失败者。还是闭上你的嘴，哪儿凉快哪儿待着去吧！”说这话的还是我以前的一位朋友！

有一天，我收到了在道森-赫尔曼公司的旧同事、当时效力于另一家对冲基金的汤姆·托宾发给我的电子邮件，他说他很高兴又收到了我的晨间观望，他十分喜欢这个产品。他使我想起了我们精诚合作的美好时光，那时候我便总是滔滔不绝地说自己的观点，丝毫不管别人愿不愿意听。

在亲朋好友（比如汤姆、我的法尔肯亨奇同事迈克尔·布卢姆，还有我的弟弟瑞恩）的大力支持——以及对冲基金支付给我的足够资金的基础上，2008年1月上旬，我开始认真考虑创建自己的公司。我打算开一家基于犀利投资研究的公司。**我认为严密、独立、完全透明的研究——宏观研究和具体的板块研究应该会大有市场。**我打算将我作为对冲基金投资组合经理所做的事情毫无保留地展现给所有人，展现给那些对资产管理一无所知，但对我很有兴趣的人。我十分喜欢这个想法：**建立一个公司，目的仅仅是为了给客户最优秀的研究。**

继创建法尔肯亨奇之后，我又一次找到了迈克尔·布卢姆。他一直是我在运作方面的黄金搭档。2007年年初，我加入了凯雷-蓝波，而迈克尔去了亚洲从事赌博业咨询，给澳门和香港的众多赌场当顾问。后来他与他弟弟合伙建立了一个投资公司，专门从事与赌场和饭店业繁荣相关的业务，似乎打算以此作为终生职业了。尽管如此，当我打电话给他意欲与他再次合作时，他还是答应暂时休假一个月，前来约克敦高地帮助我看看研究公司这个主意到底怎么样。我告诉他，我的儿子杰克才两个月，晚上很吵，可能会令他难以入睡，但我很欢迎他住在我的房子里，并为他准备了一间闲置卧室。很快，迈克尔便到了。我们又像往常那样形影不离了。

迈克尔做的第一件事便是向我推荐了一个人，他说此人极具创造力，可以为我们设计品牌形象。我们需要的是符合21世纪潮流又对用户友好的东西。迈克尔的人选是米克·马利西克（Mick Malisic）。

迈克尔在青蛙设计公司（Frog Design）上班时和米克是同事。米克是青蛙公司创始人哈特姆特·艾斯林格（Hartmut Esslinger，第一代苹果电脑尺寸和外形的设计者）的学生，最近刚从西海岸搬到西村[①]。

① 位于纽约格林尼治村西面，故称西村。——译者注

在迈克尔的牵线搭桥下，米克乘火车到约克敦高地与我会面。我对他说了我的想法：**掀起研究的盖头，揭露职业对冲基金花费不菲的研究的真相，将著名的“即时报告”（first call）播向全世界。**我将负责研究工作并广而告之，内容将视需求而定，这样，个人投资者和大型买方投资组合经理可以获得我的晨间观点、短期观点、长期观点、多空观点。一切信息都是实时的、完全透明、100%可核对。米克后来告诉我，当时他脑子里马上出现了控制板，闪烁着灵感的火花。我们在白板上做起了头脑风暴，从早晨一直做到下午。劳拉负责后勤保障。杰克在地摊上滚来滚去。这样的情景真是太棒了。米克骨骼奇异，骨瘦如柴的他顶着一头浓密黑发，看起来像是 Replacement 乐队吉他手① 和疯狂科学家的混合体。米克是加州人，与华尔街没有任何渊源，对对冲基金业几乎一无所知。这正是我想要的。

说来很巧，就在米克到我家来的那一天，我还接到了华尔街老友布莱恩·麦高夫打来的电话。

麦高夫是摩根士丹利追踪耐克公司的分析师，后来干脆跳槽去了耐克。我在追踪耐克公司的时候基本上天天和他联系——在我的职业生涯中，耐克始终是我最喜欢的股票。后来麦高夫离开了耐克公司，把家从波特兰又搬回了东部，重新加入摩根士丹利，担任研究执行董事。在过去

① 此处指汤米·斯丁森（Tommy Stinson）在1989年的发型，1998年，他加入枪炮与玫瑰乐队，担任贝斯手至今。——译者注

几周，他一直在接收并阅读我发过去的宏观展望电子邮件，看后决定与我联系。

我们谈了会儿时机。麦高夫并不喜欢大投行，正在考虑单飞创建研究公司，想听听我的意见。“我嘛，我是这样想的，”我说，“我认为你应该把车驶向路边，掉个头，开到我家来。”当时麦高夫正开着车从位于康涅狄格乡下的家中驶往位于曼哈顿的办公室，他没有马上听我的（他得去办公室转一转），但到天黑的时候他已经出现在我家中，加入到我们的马拉松头脑风暴中，最后成为了我们的合伙人。

麦高夫将负责我们的研究部门。他人脉广泛，能够轻松为我们带来不少机构客户。我们不做经纪业务，而对冲基金通常用交易佣金冲抵研究服务费，因此我们建立了明确的现金支付模式。**我们明白，必须在大型买方客户中打响宏观研究的名声，才有可能获得更为广泛的客户源，而标榜附加价值的最好方式便是让资金经理用真金白银支付你的研究服务。**麦高夫和我将专注于此类业务，这是我们收入流的直接来源，从一开始就能带来收入。

与此同时，米克与迈克尔负责发展个人投资者客户，米克对此已有了初步设想。到1月下旬，米克的设想已经发展为一套完整的计划了。所有大客户和小客户都能实时获得世界级的、独立的、可起诉的投资建议。我们将用不同颜色标识每日投资展望，让人一目了然其中的含义。我们管这个产品叫“对冲之眼”（Hedgeye），计划于2008年年底推出。

接下来，我们需要人帮助我们建立技术平台。迈克尔认识一位叫做约翰·泰勒（John Taylor）的旧金山工程师兼策略师，他以前是一位核物理学家，是管理高负荷软件开发和技术项目的高手，为我们建立用于发布信息产品的前端与后台系统正是他的拿手好戏。泰勒将在旧金山湾区工作，担任技术运营部主管，同时负责与当地一个IT咨询团队的沟通。

在我们第一次见面的时候（他前来东部，到我家与我会面），我们没有讨论任何业务上的事情，倒是先探讨起哲学和民主原则来。他和我是同一类人——有真才实学的人。

迈克尔、米克、麦高夫、泰勒和我便是我们公司的创始合伙人。我们将公司命名为“研究之刃”。

到2008年1月下旬，我们已有了100多位订户。虽然创立公司任务繁重，但我还是坚持每天早起做我的宏观研究工作，收集信息，咀嚼提炼。虽然不能说我已经有了一群拥趸，但我可以感觉到，随着研究之刃的前进，许多并非直接订户的人也开始阅读我们发布的内容。很多对冲基金人士不同意我所预测的关于他们和美国金融体系的悲剧前景，他们对我出言不逊，我不得不把他们的留言屏蔽了，因为我不希望我母亲看到这些话。

2月上旬，我们开始寻找办公地点，最好远离华尔街和格林尼治以及斯坦福的那些交易公司，要有利于进行慢节奏的细致研究，充分考虑经济大势。我在耶鲁对面找到一处空闲办公室。我们需要对其稍加装修，但总的来说环境不错。这是一座翻修过的三层建筑，曾是美国第27任总统威廉·霍华德·塔夫脱名下的产业。塔夫脱1913年卸任后担任耶鲁法学院教授。那里对我们来说稍稍显得大了些，但我想我们的公司会成长的。3月，我们在租约上签了字，打算在4月正式开张。麦高夫和我从冬季开始便在大举招人。

我们聘请了我心目中最好的餐饮业分析师，高居《机构投资者》排行榜前列的霍华德·彭尼（Howard Penny），他从20世纪90年代中期开始在华尔街工作，先是在摩根士丹利担任烟草业分析师和小盘股策略师，后来又在SunTrust Robinson Humphrey和FBR公司工作过。

杰富瑞资产管理公司（Jefferies Asset Management）投资组合经理兼分析师托德·乔丹（Todd Jordan）也加入了我们。乔丹也曾在卖方的Raymond James公司和Dresdner Kleinwort Wasserstein公司效力过。他是顶尖的赌博业分析师。

我的老朋友、当时在迈阿密一家私募股权公司效力的达里尔·琼斯也答应加入研究之刃，他将专职做全球宏观研究。

为了充实团队，我们也招聘了一批初级分析师，包括一些刚刚走出校门的耶鲁冰球队队员。

另一位关键成员是麦高夫的大学室友安德鲁·巴尔博（Andrew Barber）。麦高夫与他均毕业于位于布朗克斯市里弗代尔区的圣文森特学院。巴尔博是纽约北部韦弗里一位陆军上将的儿子，是个有趣的家伙。20世纪90年代末，他在华尔街做衍生品交易员，后来又当过记者。巴尔博博闻强识，知道很多掌故，而且有自己独到的市场见解。

公司的运作模式与我工作过的各家对冲基金非常类似，经常安排对话和头脑风暴，通常在每日晨会时进行。我们提供付费实时互动和研究服务。当时，华尔街危机正愈演愈烈，但主流媒体忙于关注安娜·妮可·史密斯（Anna Nicole Smith）之死，根本无暇顾及金融业。但是，随着贝尔斯登倒闭并在圣帕特里克节那天被JP摩根以白菜价合并，金融体系的裂痕已经昭然若揭了。

3月22日，《经济学人》杂志刊发了一篇10页的华尔街特别报道。当期《经济学人》封面以大理石纹路做底色，印着金色的“华尔街”字样。封面中部有一条贯穿头尾的裂缝，从正中间将“华尔街”三字劈成两半。

只要眼界足够开阔，谁能否认金融业、金融市场、整个美国都已经在悬崖边摇摇欲坠？美林公司手上只有300亿美元资本，却通过杠杆控制着高达10 000亿美元的流动资产。华尔街未平仓信用衍生品（特别是信用违约互换）

合约价值超过45万亿美元。金融业利润占美国企业总利润的比例达到了40%。

在美国，消费支出要占GDP的70%。在消费支出方面，很难找到比我更加清楚的人了。在整个职业生涯中，我一直密切追踪着这个指标，目睹它一季又一季连续上涨，寻找着情况有变的蛛丝马迹。我记录到，2007年第四季度，商务部报告消费支出连续上升的第64个季度。但在最近几个季度中，这一数字的上涨势头已经变得极其微弱。还记得吗？**当“很好”变为“好”的时候，这就意味着情况已经转“坏”了。**我确信消费支出将在2008年的某个时点转为负增长①，且根据我的理论，消费支出下降将对经济构成可怕冲击，触发下行周期。如果与抵押贷款危机同时发生的话，将令美国经济失去控制，股市也将遭到重创。

整个美国都处于过度杠杆化的状态。我并非唯一一个作如是观的人，有YouTube视频为证②。除了拉里·库德洛（Larry Kudlow）③，还有谁看不见美国经济正在失去动力？那些杠杆多头们，那些对冲基金们。

① 2008年第三季度，美国商务部真实消费支出估计值出现下降，为66个季度来的首次。——作者注。

② 2006年至2007年间，博客、评论家、交易员彼得·希夫（Peter Schiff）与本·斯坦和亚瑟·拉弗（Arthur Laffer）等经济大腕做过电视现场争论。希夫认为崩溃即将到来，而斯坦和拉弗等人断然否认。2008年危机爆发后，这些视频被搬上了YouTube网站。——作者注

③ 美国经济学家、CNBC节目主持人，2007年否认经济危机即将到来，2008年否认经济已陷入衰退。——译者注

不确定性主宰着华尔街。3月17日，贝尔斯登倒闭之后，市场开始下跌。不祥之兆已越来越清晰。下一个投资银行是谁？我们的电话响个不停，担忧在华尔街轰然倒塌时饭碗难保的人纷纷给我们投来简历。我们继续招人。我在道森-赫尔曼的旧同事汤姆·托宾此时也对对冲基金感到了厌倦，前来加入我们。他将负责医疗卫生板块。我认为他是他那个领域最优秀的分析师，我和他曾经在一个战壕里战斗过，对他十分了解。他讲究收集第一手资料进行研究，是完美的工作搭档。

我们的薪水没有华尔街丰厚，但员工可以获得公司股份和自己喜欢的职位，而且对得起自己的良心。华尔街的工作对我们的很多员工来说，纯属身不由己。

我们的员工都经历过对冲基金的扩张期，知道资金管理者想听的是“是怎样”，而不是“其他人想怎样”，因此我们赢得了大量的客户。我们时刻准备着告诉他们，也告诉全世界我们的看法。2008年4月1日星期二，我写了以下报告：

亲爱的MCM的朋友们：

我们以一封乐观报告结束了2008年第一季度。在我的职业生涯中，这是第一个没有研究团队，也没有交易业务的季度。MCM全球多空投资组合的表现胜过了所有美国市场主要指数。

截至3月底，MCM组合当年收益率为2.15%（以总值计算）……

各大指数在2008年3月31日收盘时的当年收益率为：

道琼斯	−7.55%
标普500	−9.92%
纳斯达克综指	−14.07%
罗素2000	−10.19%

更重要的消息是，现在，我有了一支研究团队！

今天，我在毗邻耶鲁大学校园的办公室里正式营业了，我们很高兴地宣布，新公司将叫做“研究之刃”。我们的创新型运行系统叫做Hedgeye.com，网站也于今天正式上线。

您在我们的创新工作程序中的客观反馈将对我们的决策起到关键作用，我正在构思将我们各自的对话完全公开。目前，我们拥有不到100名订户。过去5个月是我职业生涯中值得回味的一段时间。不幸的是，从今天开始我又得把起床闹钟往前调了。

敬请登录www.Hedgeye.com并留言。现在我得去收拾收拾，准备和我的伟大团队一道去开张剪彩了！

我的最新联系方式见下。

非常感谢您的支持。

研究之刃公司CEO　基思·麦卡洛

康涅狄格州纽黑文市

2008年6月11日，东部时间7∶50，我发布了一篇晨间观望，提出了一个我认为紧迫但又不甚明了的问题：“什么是崩盘？”

通常，若市场从高点下跌20%，则称其为崩盘，但我倾向于在数学上定义崩盘：价格较期望值低3个标准差以上。令人不可思议的是，当时流行的牛市思维将犹如自由落体般的市场突变视为买入良机，而这种观点居然在华尔街占据着主导地位。

> CNBC对空头嗤之以鼻，认为“牛市永远都在，无非是在这里与在那里的区别”的吉姆·克莱默（Jim Cramer）朝着那些看空金融股（如贝尔斯登）的人士大喊大叫。《交易员月刊》继续为交易员收入排名，并在著名汽车销售店Manhattan Motorcars的展销厅举办“30岁以下30人”（30 Under 30）颁奖大会。在展销厅外，空头和多头的汽车大奖赛正进行得如火如荼。但很显然，有一方已经燃尽了汽油，远离了事实。

许多股评家指出，市场就像是《兔八哥》动画，古惑狼一次又一次掉下悬崖，眼看就要摔死了，却总是在半空中被吊住。但市场有什么呢？空气！或许还有几则有可能的杠杆收购传闻或是比尔·阿克曼的13-D表格。

“杠杆多头越是负隅顽抗，美国市场出现崩盘的可能性就越大。”我在6月写道。

我曾经目睹过科技股泡沫的形成与破裂，更是在最前沿经历了对冲基金泡沫和随后的私募股权泡沫。它们没什么两样。我从

2007年末便开始说，这出戏必将以悲剧收尾。

想当初，我在凯雷-蓝波投资委员会上大声疾呼预防崩盘，却被讥为肤浅。这可不是直觉，我甚至觉得这都称不上是预言。

我的观察来自不断重复的过程。每天早晨，我不到5点便起床，关注新闻和数据，绘制图表，分析统计数字——比如我认定必将出现转折的美国消费支出数字。当消费支出真的转正为负时，我知道这一趋势一时半会儿是改变不了的。我花了无数时间跟踪美联储政策动向，看着美国政府放任杠杆狂热愈演愈烈。

比如，2004年有一个不太受关注但后果很严重的政策变化，那就是华尔街五大投行与经纪交易商可以免受净资本比率的限制。这一限制原本只适用于经纪交易商，规定债务-资本比率不能高于12∶1。但从2005年开始，五大投行可以不用担心这一限制。比如，雷曼兄弟就把这一比率提高到了32∶1。

五大投行有了扩张资产负债表的空间，只消用手头的资产作抵押——通常是本身又与其他借款人挂钩的抵押贷款支持证券，便能大量借款。能大量借款则意味着它们可以大量贷款给对冲基金做交易，于是造就了对冲基金“资金何其多？杠杆复杠杆”的奇观。

如果你没能从全局把握这些信号，只是关注单一部门的信息，那你是看不出什么危机端倪的。**历史表明，导致这场危机的原因再明显不过了——由房地美和房利美等政府支持机构创造、并受到信用衍生品泛滥助推的地产泡沫。**听起来很简单吧。子孙后代一定会奇怪为什么祖宗们会坐视崩盘发生？为什么没能发现危险信号？

事实上，有不少人看到了崩盘正在步步逼近。但多头的声音显然要压过空头一头。

> 华尔街在 1929 年对罗杰·巴布森（Roger Babson）的“大萧条”警告不屑一顾。巴布森是生意人、股票分析师，有时也做交易员。他的观点刊登在他出版的《时事通讯》上。1929 年 9 月，他曾经说“迟早，我们要迎来一场崩盘，一场恐怖的崩盘”。
>
> 2006 年，华尔街又在嘲笑纽约大学教授努里埃尔·鲁比尼。鲁比尼有一回在 IMF 发表演讲，说房地产崩盘在所难免，而且整个金融体系都会被拖下水。他被许多经济学同仁和投资界人士看成非主流，属于只懂得夸张的末日理论家。

众人皆醉唯我独醒难免不容于世。如果历史能够证明什么的话，那就是人会一次又一次重复犯错。贪婪主宰了一切，自我实现的群体思维压倒了理性思考。

不过，要是我的宏观模型没能指出导致 2008 年大崩盘的预期失调，那我可就惨了。我管这叫预期管理，或风险控制。

要明白我的投资和风险管理方法，你就必须把注意力锁定在一个基本假设上，它就是价格法则。从孟买到迈阿密，成千上万的交易员用他们手中的万亿美元证明，**价格，从金条到玻利维亚股票的价格，它们在每秒钟、每分钟、每小时的涨涨落落，在贪婪和恐惧之间的起起伏伏，才是市场，这个全球金融相互影响的怪兽的生命体征。**我对计量价格（dosing prices）有着浓厚的兴趣，毋宁说是沉溺其中了。**在所有的价格信息中，我只关注收盘价。**收盘价——而不是日内波动，已经深深地嵌入了我的思维方式和模型之中。

人们总是喜欢谈论基本面，然而对我来说，价格就是最大的基本面。我常对人们以“今天最后如何如何”作为他们的观点框架嗤之以鼻，但不可否认，**在一天结束后你能获得价格信息，而价格就是一切，市场力量抵达何处、有何企图，都能在价格中找到。**

我跟踪和解读这些永无休止、变化无常的生命体征的程序与医生为病人进行检查差不多。我在每日收盘后开始这项工作。

当其他人在过潇洒夜生活的时候，我在记录收盘价数据，用钢笔和墨水手工记录在我的笔记本上，我关注所有种类、所有地区的主要宏观资产；我关注标普、纳斯达克、道琼斯；我关注亚洲、欧洲、拉美和中东的股票指数；

我关注利率、收益率、债券价格、“伦敦同业拆借利率”(Libor)、公司债券、垃圾债券、抵押贷款支持证券，美国国债，包括从3个月到30年的所有期限；我关注原油和汽油、金属和软商品；我关注美元、欧元还有比索。睡觉前我还要瞟一眼日本和其他亚洲指数的开盘情况。

早晨4:03分起床后，搜集收盘价信息的工作还要继续，直到将笔记本的左侧记得满满当当，用绿色和红色标明涨跌情况[①]。在记录并查对所有生命体征之后，我开始做第二步诊断测试工作——考察这些数据的相互动态关系，这意味着问这样那样的问题。

到早晨6:30分，我的脑子里已经充斥着收盘价数据了，笔记本的右侧也写满了各种宏观观点。这时我会喝杯麦片粥做早餐，然后坐到电脑前写晨间观望。我试图克服混沌、复杂性和各种各样的数学障碍，简化厘清基本模式，在心中形成一幅清晰的图景。经过多年来的锤炼，对此我早已驾轻就熟。在晨间观望中，我会提出问题。如果我不起那么早，问那么多问题，那么多正确的问题，那么一定会有人取代我来做这个工作的。

2008.07.29　东部时间上午8:03

应该信任谁？

针对美国银行体系领导地位的信任危机对全球所有资产都是有害无利。

① 美国习惯是绿色表示上涨，红色表示下跌，与我国相反。——译者注

2008.08.05 东部时间上午7：39

本·伯南克的脊椎穿刺

一次又一次，资产泡沫在央行政策和杠杆多头的助推下越吹越大。

2008年8月，凯雷宣布关闭蓝波基金。在信贷危机的冲击下，蓝波的资产规模已经缩水到了6亿美元。蓝波的资产已达不到“支持多策略基金结构的最低资产要求量”，凯雷发言人如是说，“这是有序的清盘。”

凯雷旗下的另一只基金实体就没那么幸运了。2008年早些时候，凯雷集团占15%股份的泛欧阿姆斯特丹证券交易所上市公司凯雷资本公司（即CCC，2007年7月以19美元/股的价格上市）倒闭。CCC动用高杠杆（30：1）购买了大量由房利美和房地美发行的抵押贷款债务——你还能找到更加错误的时机和投资对象吗？CCC的CEO约翰·斯图姆博（John Stomber）在2008年3月上旬还信誓旦旦地称，CCC并未受到保证金追加通知压力。几天后，一切真相大白，CCC无法满足追加4亿美元保证金的要求，已成了债权人的俎上之肉。

CCC的两位主要债主——摩根大通和德意志银行没有显示出任何怜香惜玉之情，它们率领愤怒不已的债主清掉了CCC持有的价值50亿美元的抵押贷款支持证券。在短短一周之内，CCC的股价下挫97%，跌至35美分。

我又想起了凯雷-蓝波 2007 年因为亏损了几百万炒我鱿鱼的情景。

2008 年的夏天结束了，研究之刃继续增加订户数量，扩大研究领域。我们与 LaBranche 公司（LaBranche & Co）结成了战略联盟，将负责 LaBranche 公司的研究业务。LaBranche 原本是专家经纪人[①] 交易公司，现在正在转型为全方位金融服务公司。

整个夏天，恐慌都在不停地蔓延和发酵。人们担忧联邦政府可能会将政府支持单位（Government-Sponsored Enterprise，GSE）房利美和房地美国有化。这两家 GSE 深陷有毒资产泥淖，损失已达数十亿美元之巨。7 月，财政部和美联储宣布将为陷入困境的 GSE 注入流动性缓冲（该计划在不为人关注的情况下被国会通过），但人们觉得政府这回是真的要接管房利美和房地美，市场被吓得够呛。现在，情况严重了。

2008 年 8 月 22 日，黎明时分，我写了一篇晨间观望，几乎

① 专家经纪人一直是纽交所的主要支柱之一，在纽交所交易大厅内拥有指定位置，历史上为特定的纽交所上市公司提供做市服务。每位专家经纪人为一家或数家上市公司做市。场外交易员先与场内经纪人取得联系，再由后者执行与专家经纪人的买卖交易。由于提前交易（front run，译按，即国内所谓的“老鼠仓”）横行以及纽交所交易系统的改进，批发交易结构发生了变化（如自动化电子交易的崛起），专家经纪人从 2005—2006 年起开始逐渐退出历史舞台。事实上，纽交所内的专家经纪人现在已转变为指定做市商（Designated Market Maker，DMM）。指定做市商不能在向客户提供做市服务的同时为自己交易，而以前的专家经纪人是可以的。——作者注

是在哀求保尔森不要挽救他的华尔街朋友。

汉克，我们都指望你呢。你的美国财政部长生涯正面临最危险的时刻。历史只保证真实，是悲剧是喜剧就保证不了了。我现在85%是现金，我的储蓄账户表现实在太烂，根本没有办法为我儿子和家庭提供有力保障。因为在您的领导下，美国金融体系的风险与日俱增，现在已进入了下行通道。我可不是在开玩笑。

金融体系正在陷入彻底的恐慌。回顾我当时写的报告，可以说，该说的我都说了，该发出的警报都发了。但是，在当时，回报我的良苦用心的只有杠杆多头对冲基金的挖苦讽刺。我不是在做事后诸葛亮，反对的声音越响，我和我的同事们就越觉得有把握。有些我曾经的朋友，甚至导师级的人物都在和我说，不要意气用事。向我表达不满的电子邮件蜂拥而至。但在公司内部，我们淡定地继续着我们的研究工作，享受整个过程，听任窗外风雨飘摇。我从未见过哪个团队能够像2008年夏天的我们那样坚信自己的正确性。每天，我们都期待自己所说的每一句话都得到印证。相信我，我这样说绝不是夸张。

2008.03.09　东部时间上午7：55

抵御风暴

随着全球增长放缓，使用杠杆在全球商品上下注的人开始遭遇打击。随着杠杆商品对冲基金出现清盘，美国投资银行的商品“自营交易部门”被迫开始去杠杆。随着全世界都开始去杠杆，资本市场的狂奔将戛然而止。亚洲增长放缓了，那里的货币下跌了，所有的“主权”资金开始缩水了。

2008.09.04　东部时间上午 8 : 20

斗牛犬 vs 指关节

奥巴马的指关节 vs 斗牛犬佩林[①]。很给力！双方都有话要说，不是吗？他们得小心哦——我们可能正面临着 1930 年以来规模最大的全球经济和地缘政治飓风。

2008.09.05　东部时间上午 8 : 00

决心与信任？

那些对此次全球金融海啸未雨绸缪的人将在未来几个月中得到回报……

2008 年 9 月 7 日，联邦政府宣布接管房利美和房地美。它们“大而不倒”。保尔森公开说：“如果两房倒闭的话，将影响到美国人民的住房贷款、汽车贷款以及其他消费者信贷和商业融资。两房的倒闭还将对经济增长和就业增加造成危

① 奥巴马的双手指关节处全是老茧，这一形象令他赢得了很多美国人的好感。佩林是奥巴马竞选对手麦凯恩的搭档，她曾在一次采访中说斗牛犬和“冰球妈妈”的唯一区别是斗牛犬不涂口红。当时美国大选激战正酣。——译者注

害。这就是我们之所以采取这样的行动的原因。”

大约一周后，9 月 15 日星期一，雷曼兄弟根据破产法第 11 章递交破产报告。前一天，美林被拉郎配并入了美国银行。与此同时，AIG 爆出 130 亿美元巨额损失，必须筹资 400 亿美元以避免倒闭。星期一，AIG 的股价在一天之内狂跌 61%。道琼斯指数下跌 283 点。**那些拒绝面对现实的人终于发现自己在自欺欺人，市场不是被路上的小石子绊了一下，而是错误地走上了通向地狱的快车道。**当天早些时候，我在晨间观望中写道：

2008.09.15　东部时间上午 8 : 14

打电话给我们——我们正在招人

我们的现金比例高达 84%。我们在招人。就是这样。这就是我今天的晨间观望。请将简历投给我们的总裁兼研究主管布莱恩·麦高夫。

雷曼倒闭两周后，保尔森和伯南克纷纷发出警告，要求采取紧急行动，敦促国会批准 7 000 亿美元的联邦救助计划以阻止系统性银行崩溃。美国领导人们被吓呆了。克里斯·多德（Chris Dodd）参议员面容憔悴地出现在电视屏幕上，描述了当时场面的紧张程度。布什政府告诉参议院领导人，如果救助计划得不到批准，后果将不堪设想。当时的气氛令人窒息，多德如是说。我对此深信不疑，但我不知道这事儿发生在保尔森向南希·洛佩西屈膝寻求支持之前还是之后。我给了我的订户一个行动方案，特别是那些希望未雨绸缪做好市场风险防范的投资者，不必要求国会批准——我在10月3日星期五这一天画了个圈。根据我的概率图表，美国股市可能在这一天发生崩盘。直到今天，还有对冲基金感谢我提前发出的这个风险管理提示。

> 10月3日，市场真的下跌了，但这一天只是最悲惨、最黑暗的黑色一周的第一天。10月6日星期一，市场出现了令人惊心动魄的暴跌，道琼斯指数在一周之内下跌18.2%，创造了历史之最——这一周必将被历史铭记。从10月1日到10月8日的8个交易日中，道琼斯总共下跌2 379.88点，跌幅21.97%。
>
> 标普500指数9月30日收于1 164.74点。到10月10日，即10月的第8个交易日，跌至899.22点，跌幅22.9%。

恐怖一周过去之后，我收到了大量表示感谢的电子邮件，不少资金经理听取了我的研究和提示——自9月中旬开始，我的资产配置模型已逐渐将现金比例提高至96%。大多数电子邮件都写得言简意赅，让我知道我的研究对他们是多么有价值，使他们燃起了好好工作的劲头。还有一封邮件来自几个月前还在猛烈抨击我的对冲基金经理，他说："你是对的。"后来，几家跟踪我们的研究的大型对冲基金告诉我，在我们的带领下，他们避免了黑色一周的大屠杀，这真是令人高兴。但我无意因此踌躇满志——世界正陷入一片惨境。银行、银行系统都在崩溃边缘苦苦支撑，全球信贷机制险些彻底瘫痪。我感到更多的是焦虑，而不是得意。

2008年10月9日是标普创出历史新高一周年。这一天，我的晨间观望以圣雄甘地的话开头：**不论怎样都要坚持自己的观点，绝不低头——这就是领导天赋。**接着，我写道：

> 今天是狂热（mania）顶峰一周年的日子——不，不是狂热，而是大狂热（The Mania）。2007年10月9日，标普500收于1 565点，在席卷全球的疯狂情绪下攀上了顶峰。从那些“事件驱动”、进行激进集中投资的“对冲”诈骗犯，到那些买好谷仓然后往里面装满一车皮一车皮钾肥的私募股权强盗，这些事情都已经成为历史了。

一年来，美国股市累计跌幅近40%。人们的退休金储蓄大幅缩水。但美国财政部长优先考虑的是投资银行们的储蓄账户。保尔森的态度很明确，他的朋友们最需要援助。汉克坦克（Hank the Tank）的视野一定不太好，被矮墩遮住了视线，将资本暴露在风险之中。在那一刻，人们还没从货币损失的打击中回过神来，无法意识到，根据美国经济史，这一周酝酿了一个巨大的交易机会。但有一位加拿大小子马上想到，世界刚刚目睹了一次永远难以忘怀的巨变。我揭开了华尔街的盖头，对此我十分满意。我开始思考下一个大提示。考虑到我们不仅需要更好的透明度和可核对性，我写道：

> 10月9日我写道，在不到30天之后，我们将迎来新总统。这意味着不干好事专门添乱的保尔森“计划”将寿终正寝，这将带来极大的积极投资影响。从现在开始到那一刻，可能发生很多事。这大概就是我阅读甘地的原因。

崩盘有一个很大的坏处，那就是出于良好愿望的挽救手段往往使崩盘愈演愈烈。这就好比一盘眼看就要结束的强手棋游戏突然间被注入一大笔游戏货币，使得奄奄一息的玩家又回过了神。正因为如此，我们的崩盘先是持续几年，然后又持续几个月，最后再爆发几周。市场状况一日不如一日，直到最后所有人都不再抱有希望。我仍然在“鸟叫”，仍然在做研究，仍然在提问题，为我，也为整个行业。

对于那些在正确的时间做空的对冲基金，我要说“好极了！”——绝不是他们造成了崩盘。空头卖家是一片黑暗中仅有的几盏明灯。

对那些杠杆多头——他们身处华尔街或对冲基金，对所有那些金融体系中一言九鼎的人物，那些言之凿凿“没有人预见崩盘正在逼近”的人，我要问他们一个问题：

作为你们股东或投资者的受托人，你们到底做了些什么？

第12章 大逼空

错过史上最凶猛下跌的对冲基金，又错过了史上最猛烈的上涨，更糟糕的是，有很多人在暴涨中站在了空头的队伍里。对冲基金原本应该是在任何市场环境下都能获取利润的投资工具，却一再追逐市场共识，使用单因素模型，追逐动量，互相模仿对方的动作。也许，我们只能知难而进……

危机和救援之后是公众对银行、AIG 及其类似对冲基金的子公司 AIF-FP，还有对冲基金经理的强烈抵制。人们普遍认为，对冲基金经理们不是在趁火打劫，通过大举卖空使得崩盘愈演愈烈，就是在到处制造流言，没一个好人。就算你相信了基金经理们的辩解，也阻挡不了愤怒的人潮。但是，出人意料的是，信号正在转向乐观。

多年来，我一直坚持在我的笔记本里记录价格数据和大量其他经济信息，然后用红色标上一个 X（烂）、两个 X（很烂）、三个 X（烂透了），或是用绿色标记进行标识（三个绿色标识 = 好极了）。这差事绝不轻松，但却是我每天必做的功课，正是因为坚持这一程序我才能在危机还在酝酿时便发现端倪。表示感谢的电子邮件依然源源不断地发来，很多客户都已根据我的提示将资产兑现（2008 年夏，有多家大型对冲基金、共同基金和养老基金根据研究之刃公司的晨间观望在“黑色一周”之前将资产转变为现金）。但我发现，我需要转变观点了——我要看多了。

这与我本身没什么关系，我也不是有意要表现得与众不同，或是有意要做出否定之否定的样子，但我的观点的改变的确与还在进行的金融大决战中的主流观点相悖。当时，世界金融市场乱成了一锅粥，在这个时候看多必定会引来不少怀疑。但我不能忽略我的信号：市场看起来正在筑底，已经严重超跌。如往常一样，使我产生这一看法的发展迹象最初来自市场边缘地带——房市数据已从“烂透了”变成了“烂”。但是，渐渐地，越来越多的证据使我相信，最坏的阶段已经过去了。

在这个令人忧伤的秋天里，“超级大熊市”已经成了压倒性的论点。这无可厚非，尽管为时已晚，但所有人都认为情况很糟糕。**要求所有人在遭受重创、伤口还未愈合的情况下看到光明的未来确实有些勉为其难，尽管许多关键信号已开始同时企稳。**“大萧条主义者”（我这样称呼努里埃尔·鲁比尼、保罗·克鲁格曼和约瑟夫·斯蒂格利茨这样的人）掌握了发言权，吸引了所有人的眼球。然而在这个阶段本应无视他们的观点。这些人是大学教授，而不是股票作手，更不是风险经理。他们太悲观了。

10月中旬，我的虚拟投资组合现金比例从100%降到了96%。轻度建仓的理由除了能源价格下跌、凯斯-希勒房价指数正在见底之外，还有政治因素。市场、银行体系和金融监管结构早已成了众矢之的，需要增加透明度和可审计性，而美国看起来要选出一位能够将我们引向正确方向的总统。还有一个改善信号：一大群对冲基金——几年前正是它们一窝蜂地涌向杠杆多头，现在多翻空，在大举放空市场了。大熊的尾巴长不了了。所有人似乎都在为一片荒芜的景象未雨绸缪，大量囤积各种商品。**大萧条主义者的声音越响，专家们越是不约而同发出警报，我的信号就越乐观。基本面已经发生了变化。我也必须改变以与之相适应。**在10月的最后一周里，我开始正式看多。我在万圣夜那天写道：

2008.10.31　东部时间7 : 52

起来，牛仔们

“我讨厌骑牛的，这些人长得不大，却一个个自视甚高。此外，他和‘他们’中其余的家伙一样矮小。”

——凯利·弗罗斯特

我这辈子最喜欢的电影要数《8秒出击》(*8 Seconds*)了。这片子讲的是骑牛界传奇莱恩·弗罗斯特。当然了，凯利就是莱恩的妻子……一开始，她极度厌恶公牛，就像我现在极度厌恶“熊”一样。

我们并没有在卖弄文采。我们持续看多“交易”。我非常乐观。为了欢度万圣节，今天我穿着牛仔行头上班。我已经将股票比例提高到了2008年以来的最高值。我身穿牛仔服，脚蹬蛇皮靴，其余牛仔装备也一应俱全。我在阿尔伯塔省卡尔加里的朋友们可能会觉得这不符合传统，但要是我穿着这身在纽约市的交易室里蹦来蹦去，我猜会有人想起去年这个时候我还是一头疯熊。

进入2009年，熊市观点仍是华尔街的主流。这真有意思，华尔街这群家伙曾经对长达一整年的警示信号视而不见，结果被大崩盘打击得晕头转向，现在同一批人又一致同意金融系统大混乱还要继续大幅恶化，纷纷开始放空标普。

“下一次大萧条”之风非常猛烈，要是我的头发还像20世纪90年代初那样长的话，都能用它来吹头了。其中鼓吹最用力的便是末日博士本人——努里埃尔·鲁比尼。他是最早预测房市泡沫必将破裂并使世界经济遭受重创的人之一。在2009年1月号和2月号的《外交政策》杂志（*Foreign Policy*）中，鲁比尼——纽约大学斯特恩商学院经济学教授、某金融咨询公司主席、许多人心目中的诺查丹玛斯[①] 再世，发表了他对2009年的展望：

去年，最坏的情景成了现实。我和其他一些人所警告的全球金融传染病已经爆发。目前，我们仍处在此次危机

① 16世纪法国预言家，著有四行体诗预言集《百诗集》，后世研究者从中“看到”了不少大事件、大发明、大发现的预言，名声大噪。——译者注

的早期阶段。我的预测是，很不幸，在接下来的一年中，事态将变得更加阴沉可怕……

这种情绪使得华尔街各大公司，比如摩根士丹利和许多对冲基金极度看空。空头越来越悲观。事实上，之前赚钱的空头正在因继续看空而亏钱。

比如，彼得·蒂尔的克莱利姆公司在2008年早些时候做空了抵押贷款市场，因此收获了巨大的利润，但现在这些利润已经全部吐回去了。

根据我的数据，我形成一个被我命名为“对大萧条主义者的大逼空”（MEGA Squeeze）的观点——我又玩了把缩写把戏。MEGA指的是抵押贷款利率（Mortgage Rates）、就业（Employment）、汽油价格（Gas Prices）、资产（Assets）。与此同时，主流媒体开始大讲华尔街的“安息”（R. I. P）故事。这又是一个信号——这些故事不但夸张，而且都是些无关紧要的老生常谈，只要你仔细观察，就不难发现这些信号。再一次，我站到了群体情绪，包括许多对冲基金在内（现在它们正在把手上的剩余资产押在市场继续崩盘的这一边）的对立面。

对冲基金对我看多的晨间观望嗤之以鼻，与当初杠杆多头对我看空并预测大崩盘不屑一顾如出一辙。我说，你们错了。他们说，你才错了。这样的来来回回让我想起了我的冰球生涯，我喜欢告诉开球圈对面的菜鸟我要走那一边，然后就从那一边把他过了。**我就是喜欢先告诉别人我要怎么击败他，然后就那么击败他。**

2008.12.17　东部时间上午 08 : 10

曾经的多头今何在?

"这主意不错，放手去干。道歉要比拿到许可容易多了。"

——格蕾丝·霍珀（Grace Hopper）[①]

到今天结束为止，我们这行已经不光光是有没有"观点"的问题了……而是首先要提出正确的问题，并抢在芸芸众生之前采取正确的行动。我们在过去 12 个月里一再强调这一点，今天早晨，我们要再强调一次——那些不知道尊重历史、不知道狂热和市场运动如何演化的人注定要重复犯错。

尽管我们因正确预测市场崩盘而获得了"拳头"（knucks），但我们近期的成功更加令我自豪——我们在大反弹之前就做多了中国（包括香港地区）、巴西和美国。持续看空或看多是一回事；拥有以正确判断为推动力的业务模式是完全不同的另一回事。这正是我开办这个公司的初衷，也是我每天坚持不懈写晨间观望的动力。

① 美国海军少将。——译者注

我不想对鲁比尼等人做过多的“鸟叫”，但我还是经不住要质疑，像鲁比尼这样的人，到底是缺乏风险管理程序来指导末日思维呢，还是他们一直陷在两年以来的旧思维中无法自拔？无论如何，我的团队和我每天早晨4点便起床开始工作，关注各项经济指标，坚持不懈地给出可控诉的交易观点建议。我的信号依然向好。3月上旬，我们公司的消费股专家霍华德·彭尼代我写了一篇相当优秀的日志。

2009.3.6　东部时间上午8：28

忧虑之墙

当你身体有恙的时候往往会信心低落，此乃人之常情。你感觉自己毫无价值，觉得你说不到点子上，怎么做都没有意义，你做的一切都是错的！是的，这就是焦虑！焦虑剥夺了你的个性，扼杀了你的信心，使你失去了自我。这简直是对美国股市的经典描绘！好消息是，你的信心和个性正在逐渐恢复，一点一点地重新建立起来，直到你终于感到与生病前绝无两样了。最终，你焕然一新。所以，今天就是明天——很好。这就是大多数人对美国股市的感觉。你所看到的一切、你所听到的一切都在增加你的焦虑水平。

在过去的一周中，有一些领先指标表明我们正在筑底。比如零售业销售额，比如铜价走势，比如率先复苏的科技股名单。不幸的是，我们还没能掌握自己的命运。没有中国人，我们可能还将在下跌的通道中走得更远。你看，我们需要中国人来为我们的赤字融资，而没有进一步的刺激措施，全球经济将继续疲软。看到这一切，你的焦虑水平升高了吧？

让我们来谈谈所处的位置吧！要是哪个政客以为自己可以对中国出言不逊，或是认为可以把中国人甩在一边，我们就得让他“暂时离场”，就像对待不遵守纪律的孩子一样。中国人决定着我们的命运！今天上午，我们可能会看到可怕的失业数字，丢掉工作的人数可能高达65万，这是我们这一代人从未见过的景象。既然中国人控制着我们，那么我们就得想想他们可能会做些什么。劳工部应该“做”一个让人震惊的数字出来，把利空一下子都出尽，这样我们就可以重新上路了。

除了预期失业数字会非常令人失望之外，另一个早期信号是美元正在走低，这有助于我们企稳，当然市场未必在今天就会反弹。这一直是美国2009年的战略交易：美元上涨＝标普500下跌。美元中期趋势转弱，那么股票就能企稳。这就是所谓的“再通胀”（re-flation）机制。

昨天夜里，我从纽黑文驾车回家，在彭博电台上听到一起辩论，辩题是奥巴马应不应该因为今年市场萎靡的现状受到批评。他显然不是造成混乱的人，但人们选他当总统就要求他能修正这一问题……而市场贴现机制表明他没有尽到责任。我知道，一想到我们得依赖华盛顿的政策才能走出混乱，我的焦虑水平就开始往上蹿。说到底，指指点点纯属浪费时间，我要的是结果！

到目前为止，还很难说哪个部门能够引领我们走出停滞！标普指数中没有一个板块看起来是强劲的。“安全而无聊"的板块，比如消费品板块，在熊市中一点都不起作用。我们得仰仗华盛顿的鼻息才能重塑消费信心，而只有消费信心提升了，市场才能得到提振。电力股在利率上升的情况下是不会上涨的。医疗卫生股正在试探前期低点，且充满了不确定性，但如果探底反弹，则是很强的牛市信号。金融股仍是一片狼藉。能源股和原材料股只有在中国引领全世界再通胀的情况下才可能走强。于是，我们只能去科技股中寻找希望了……相对来看，科技股开始持续强于其他板块，但科技股大多是各自为战的小公司。谁愿意拥有这样的公司？再过30分钟，失业数据就要公布了——让我们回到忧虑之墙吧，让我们知难而进吧，就是死也要死得有型……

董事总经理　霍华德·彭尼

彭尼和我的其他分析师发现的信号包括下跌的汽油价格。低油价可以显著增加家庭可支配收入，增加可选商品的支出。其他一些领先指标显示，市场可能正在筑底，比如零售额数据、铜价波动和一些科技股的早期复苏信号。

为了不至落后于我的同事（我们是一个团队，在同一个页面上发文），彭尼代我发了一篇晨间观望后，3月9日，我发了一篇我自己写的晨间观望，题为《大衰退》（*The Great Recession*）。在开头，我写道：

现在，CNBC推出了名为《衰退还是萧条》的新节目，而彭博的今日早晨“独家新闻”头条标题为《萧条动态链方兴未艾》（*Depression Dynamic Takes Hold*），我们还需要更多的证据吗？我向读者公布了我的最新动作——在美国股市上周五创出新低的同时，我已经开始加大买入美国股票的力度。我将我们的资产配置模型投资组合中的美国股票比例提升到24%，将现金比例从70%削减到58%。

文章发出后，我的收件箱里出现了大量来信，那些在我做空高盛时嘲笑过我的人现在又对我买入高盛嗤之以鼻了。我为什么要建议买入美国股票？原因之一就是没有老板禁止我这样做。在晨间观望的最后部分我指出，市场已经接近于三个标准差的超卖状态。

在我发布《大衰退》的同一天，标普500跌到了676点的底部。在接下来的三个星期中又涨回到800点上方，涨幅接近40%。不知道有多少大萧条主义对冲基金因放空而遭受重创。这是自利弗莫尔[①] 时代以来最大的逼空潮。错过史上最凶的下跌的对冲基金这回又错过了史上最猛的上涨，更糟糕的是，

① 20世纪初著名的华尔街交易高手，利弗莫尔的事迹——在恐慌中做空市场，在资本短缺的情况下迫使价格下降，最终逼空卖家，是埃德文·拉斐尔（Edwin Lefevre）的作品《股票大作手回忆录》（*Reminiscences of a Stock Operator*）的主要内容。——作者注

他们之中有很多在暴涨中站在了空头的队伍里。**对冲基金原本应该是在任何市场环境下都能获取利润的投资工具，却一再地追逐市场共识，使用单因素模型，只追逐动量，互相模仿对方的动作。**

在研究之刃公司，我们讲究的是先人一步。4 月，我们做多了 30 只股票，做空了 8 只，这表明从中期来看，股市仍有反弹空间。但在长期，我已经发现了美元的危机迹象。5 月，我们已经开始抢先一步对美元崩盘表示担忧，但观点也许有些过于悲观，时机也太早了。

迈克尔·乔丹有一段著名的话，他说，在整个职业生涯中，他有过 9 000 余次投篮不中，其中 26 次是决定胜败的绝杀球。“在我的生命中，我总是不停地失败、失败、再失败，”乔丹说，“这就是我的成功之道。”

放眼未来，我所能做的唯有坚持我的工作程序，不断进步，坚持每日发布晨间观望。我注定要犯错误，但我至少可以拿起球来投篮，而市场共识就没有这种幸运了。

DIARY of A HEDGE FUND MANAGER

|尾 声| 信誉和信任正在超越“趋势”

很多人在市场崩溃时都能稳如泰山，岿然不动，其实，你做得并不像自己想象中那么好，因为你的初始资本一度耗尽过。人们唯一的理由便是，希望市场能够复苏，但相信我，即使市场已经复苏，说不定仍旧不能回本儿。虽然，我一直在强调，我的工作辞典里没有“希望”一词，但我相信，信誉和信任正在超越“趋势”……

6月2日星期二，临近上午8:30，我在我们古色古香的会议室桌前主位坐定。我的同事们都到齐了，准备开始我们的晨间观望。几十位来自跟踪我们的研究或付费参与我们晨间互动的买方投资组合经理、分析师和交易员也已就位。最近，我们的投资建议表现得并不好。过去几天，我们错过了标普2.6%的波动。既然美元在承受压力，我自然没有理由看多①。不过我也不能忽视显而易见的事实。我专心致志地看着《扬声器》（*Squawk*

① 在第12章彭尼代作者写得那篇晨间观望中，曾说美元和标普的走势往往是相反的，即美元受压力对应股市上涨。疑此处看"多"（bullish）应是看"空"（bearish）。——译者注

Box）①，调大了音量，直接而大声地说道："好，把门关上吧。"

我的话引起了一阵不满。我继续做我的晨间宏观展望，开始滔滔不绝地说出一连串消息和传闻、观点和观察。我一边看着我的笔记本，一边思如泉涌，说个不停。我说到了货币、国家、商品——黄金如果今天下跌的话就是买入机会，但长期来看我会在价格站上1 000美元时卖出，我还说到了上涨的油价和疲软的美元。我越说越远，将检讨的打算抛进了大西洋，虽然我的晨间观望在最近屡屡失准，但今天又是崭新的一天。

我每天凌晨4点就起床观察环球市场，记录价格数据，今天也不例外。我每天做短期展望和长期展望，我的一切言论都是实时且可核对的。我做这些既是为了我的订户，也是为了鞭策自己。据我所知，没有其他资金经理能像我一样做到这一切。**资金经理往往恨不得什么都不让你知道，他们不到万不得已绝对不会承认错误，即使承认了，也会千方百计寻找借口。不管怎么说，到那时一切都晚了。**我所倡导的是开诚布公，因此我们的客户信任研究之刃的业务程序，他们知道我们会日复一日地做同样的工作，我们正确的时候将远远多于犯错误的时候。即使我们短期内错失了目标，我们也不会人云亦云。

在那个早晨，晨间观望快结束的时候，有一位听众给我们发来电子邮件询问通货膨胀的事。我担忧通胀吗？如果是的话，为什么我不放空股市呢？我一直在关注美元，最近美元出现了向下

① CNBC老牌晨间财经新闻节目。——译者注

突破，而且数据非常难看。在即期①，我解释道，我担忧第四季度的通胀，但现在才第二季度。因此，在短期，我看不到放空标普的宏观理由。**着眼趋势，依交易行动，这是我的主要出发点。**

或许，我可以写本关于如何根据长期和短期进行投资的书。但实事求是地讲，在期限方面，我是个不可知论者。这个观点是我在过去一年半的时间里逐渐形成的。现在，我的投资框架同时考虑三个时间跨度。

在我的框架中，交易指三周或以内；趋势指三个月或以上；尾部指三年或以内。尾部风险——比如晴天霹雳之类的罕见事件，也许是最难管理的风险，因为它具有内在不确定性。但这并不意味着我不能有所尝试。（总是有人告诉我做不了这事那事，而这一直是促使我勇往直前的动力之一。）为什么要分这三个期限？为什么我根据三个期限理论做投资决策？这背后的原因又复杂又混沌。我觉得我终于认识到，全球投资图景就像各种资产类别一样彼此交织，有着剪不断理还乱的联系。**与任何复杂系统一样，投资决策中的各个单一因素都是动态的，它们时刻都处于变化之中——除非你拥有一个弹性投资程序使你能够在不同期限的策略间游刃有余地转换和组合，否则你就注定要被市场压扁。**

对那些“长期投资”策略的鼓吹者，我要说：

① 原文如此，为 immediate term。疑应是“中期”（intermediate）。——译者注

我同意你们的观点，但前提是你们必须踩准时间点。1990年入市，2000年清仓是个好主意，但2000年入场一直持有到今天可就不那么英明了。2009年，我买入了星巴克和雅虎的股票，我认为它们值得我终生拥有，但有一个前提，那就是全球宏观环境和公司具体实际相对于我的独门投资理论，即价值加催化剂而言不发生改变。

我从来不会坐等我的股票在长期获得丰厚利润，或是极力建议其他投资者这样做。我知道，很多人在市场崩溃时能稳如泰山，岿然不动，当市场最后从崩溃中复苏时，他们中有些人还觉得自己非常英明。但你可以检查检查你的报表。你做得并不像自己想象中那么好，因为你的初始资本一度耗尽过。你们这样做唯一的理由便是希望市场能够复苏，但相信我，即使市场已经完全复苏，你说不定仍旧不能回本儿。**我一直在强调，我的工作辞典里没有“希望”一词。**

不管你是因足够有钱而投资对冲基金，还是你自己操作自己的在线交易账户，抑或你做财务规划的小舅子在代你理财，**现在，是时候为了你的财务健康而接受更加主动的投资观点了。**而对冲基金经理必须更加主动积极才能使自己与该行业的肮脏秘密划清界限——他们总是一窝蜂地涌向同一个交易，理由仅仅是其他对冲基金经理也在这么干。

回顾2008年秋的一地鸡毛，有些东西实在令我百思不得其解。

> 确切的熊市信号出现至少超过一年时间——消费支出疲软、银行资产负债表恶化、评级机构不作为、政府举措失当、华尔街沉湎于杠杆、抵押贷款市场恶化，这些信号在如此之长的一段时间内一步一步堆积，直到2008年10月的第一周终于酿成了股市大崩盘。

在我们看来，崩盘拖到这么晚才发生才是最令人震惊的事。**是什么在推动市场？老实讲，我认为是交易潮[①]，是收购疯，是低成本资金、对冲基金和私募股权基金的合流。**它们榨干了市场的每一滴利润；它们打开了一扇窗，又几乎毁了另一扇，而我们只能从被毁掉的那一扇夺路而逃。到了最后，杠杆多头对冲基金只能抓着最后一根稻草——紧急降息来继续玩这场游戏。

现在，对冲基金借着市场共识狂奔的日子已经一去不复返了。不再有便宜的资金供他们挥霍，不再有大牛市替他们抬轿，也不再有一批超级对冲基金牛人用绝妙的主意替他们开路。我们不可能再目睹几十亿美元规模的对冲基金一夜之间完成募资、然后投在同一只股票上的胜景了。我们曾经见识过这一幕——艾德·兰珀特（Ed Lampert）和比尔·阿克曼这样的人物在塔吉特股东大会上掉几滴眼泪就算是负过了责任。别逗了，华尔街不相信眼泪。

要不是房地美和房利美倒闭、雷曼兄弟破产、AIG几乎被国有化，乌合之众将继续沉迷于如痴如幻的群体思维。汉克·保尔

① Deal cycle，指并购交易潮。——译者注

森卑躬屈膝，终于换来了我和其他人所预测的市场反弹。大崩盘来得多早、程度有多严重、场面有多混乱，这些都不重要。我父亲常说，有果必有因，有因必有果。当然，我无意涉及群体疯狂的相关理论——这个话题还是留给其他作家、历史学家、行为经济学家和脑科学家吧①。

在我从对冲基金小喽啰到对冲基金叛逆者的变化过程中，还有一个因素不得不提，那就是有的对冲基金经理确实让我高山仰止。**我有一个信念，这个行业中没什么好遮遮掩掩或是欠了投资者的。即使有，也会驱使从业者们改善自身，并持续追求该行业的首要目标，即不论市场大势如何，持续获得费后正回报。**

据对冲基金情报公司（HFI）的研究，只有四分之一的美洲对冲基金能够在2008年全年及2009年前7个月获得正回报。只有20%的股票对冲基金——包括多头和空头基金做到了这一点。HFI的数据库显示，大约60%的美国对冲基金在2009年7月的资金管理规模并非处于历史高峰。

① 根据《科学美国人》（*Scientific American*）2009年3月的报道，德国波恩大学（University of Bonn）与加州理工学院脑扫描研究人员在《美国科学院会议记录》（*Proceedings of the National Academy of Sciences USA*）中支持人脑前叶皮层中有一个特别的部分，即前额叶腹中皮层（ventromedial prefrontal cortex，VMPFC）会产生一种"货币幻觉"的理论。"货币幻觉"能使一般人忽视显而易见的信息，而对错误的逻辑深信不疑，一厢情愿地认为自己所做的投资，比如房屋和塔吉特股票的前景无比光明。——作者注

显然，对冲基金经理们得加把劲儿了。不过，给投资者们设置更严格的赎回标准可不在我的"加把劲儿"范围之列。

接下来，客户们会提三个要求：流动性、透明度，以及回报。按"5+50"收费？没问题，但是，如果你不能满足客户的这三个要求——不管市场是不是在涨，是不是在大涨，你的前途可都不妙。**对冲基金必将发生变化，原因很简单：客户要求。**

我预测，对冲基金采取严格锁定制度①。除了说了等于没说的客户信之外再也不提供任何透明度的日子屈指可数了。一定程度的实时沟通总有一天将成为新常态——**对冲基金业将回到依富豪客户要求提供服务的时代，回到"管理账户"和可核对的时代。**

大多数个人投资者一辈子都遇不见对投资组合负责到令人潸然泪下程度的资金管理者。对冲基金才不会对你的账户有什么感情呢——不对，你没有把钱交给共同基金或是年金产品，而是交给了他们，兴许他们对此还会有几分感激之情，但反正不管大势如何，都能稳赚管理费，他们还会对你的钱上心吗？

我做这件事的目标便是激励人们更多地自力更生做投资。既然一位被人称为"石工"的桑德湾冰球选手能做到这一点，那么所有人都可以，至少在某些人的帮助之下你可以获得远比坐等市场复苏更好的回报。再强调一次，**"希望"从来都不是投资辞典里的词条。**

我不光是预言自力更生投资者的人数会越来越多，我还在这

① 与共同基金不同，对冲基金通常对投资人设置了更为严格的赎回标准，在一定时间内，特别是在市场下跌时锁定资产，以防止被迫卖出头寸来满足赎回要求的情况发生。——作者注

一判断上押了注，做起了这些人的生意。资金管理业的那群人拿着丰厚的报酬却只能使你的金钱白白浪费，你应该将投资大权从这群人手里收回来，投入更多的精力自力更生。

不仅对冲基金投资者正在要求流动性、透明度和回报，越来越多的精明人——那些知道怎样投资也愿意投资的人，那些仅仅需要一些工具和消息的人，那些在面对财务问题时从来不需要别人施以援手的人，也要求透明度、可核对性和信任感。尽管政府出台了一系列措施促进公平竞争，比如《公平披露规则》和十进制报价①，但自力更生的投资者目前仍然没有办法与华尔街的对冲基金竞争。个人投资者无法获得“优先告知”的便利，甚至什么告知都得不到。事实上，在过去十年中，华尔街的经纪商都在竭力摆脱小客户，他们认为为这类客户提供服务的成本太高。如果你是其中之一，你用不着苦恼——他们是在为你好。

让我们回到6月2日的研究会议上来。汤姆·托宾出现在《扬声器》节目中。他在关注医疗改革，分析医疗改革对我们的医疗保险股模型会造成什么影响。托宾指出，有一只股票很有意思，值得关注：UNH。有人担心这家公司会死于医疗改革，但托宾认为奥巴马的公共计划很难在8月出台。是时候买入

① 传统上，美国股市报价不是十进制而是八进制或十六进制，即最小价格变动是1/8美元或1/16美元，从2000年开始逐渐改为十进制报价，最小价格变动为0.01美元。——译者注

UNH 了？该股最近一直在反弹，这预示着医疗改革前景不妙。

接着出场的是托德·乔丹，他接过了我的枪，是我们的赌博、住宿和酒店业分析师。他分析了嘉年华（Carnival）邮轮公司。“从嘉年华 2010 年的业绩预估来看，华尔街对它过于乐观了。”乔丹说。我很欣赏他的作风。根据他的看法，再加上我对全球宏观面和能源价格的分析，我认为在现在的环境下，最不值得拥有的就是浮在水面上的东西了，它们的固定成本贵得要死。

我们的餐饮分析师霍华德·彭尼接着分析了奶酪价格下跌、猪流感[①] 和查克芝士（Chuck E. Cheese）公司之间的关系。彭尼之后亮相的是我们的全球机会分析师安德鲁·巴尔博，他关注了大豆投机泡沫，还提到印度最近新成立了一家多头基金，名叫“Jai Ho”，即卖座电影《贫民窟的百万富翁》（*Slumdog Millionaire*）中的主题曲，巴尔博从中发现了熊市的苗头。这帮人可以这样说上一整天，但晨间观望到这里必须结束了。像这样的奉献和获取、讨论、团队互动就是我最崇尚的投资模式。这就是我每天早晨 4 点就起床的动力。这就是我每天早晨要做的事。

这也是我要告诉你的事。

---

① 即甲型 H1N1 流感，俗称甲流。——译者注

DIARY of A HEDGE FUND MANAGER

译者后记

对冲基金一直是一个神秘的行业。自2003年的美国股市大牛市开始以来，对冲基金经理作为世界上收入最高的群体逐渐被人们所关注。虽然有一大群对冲基金经理出了大名，但是，他们的工作方式、交易方法仍然不为人所知。人们更愿意了解对冲基金经理们的“花边”消息，而不是他们成功的原因。

本书提供了一个小孔，让人们得以一窥对冲基金经理整天到底在干些什么。**说到底，这群世界上最能赚钱的人做的事情只有一个：打听消息。**打听公司的消息，打听同行操作的消息，打听一切会影响股票价格的消息。为了打听消息，他们成了空中飞人，参加一个又一个见面会，精心设计这样那样的提问，摆出一副伪善的模样，与企业界高层斗智斗勇，与同行们虚与委蛇。作者就在这样一个世界里工作着，但他没有丧失自己的原则立场，最后甚至因为坚持自己的立场，被凯雷-蓝波炒了鱿鱼。但也因为不惜被炒鱿鱼也要坚持自己的立场，最后市场证明了他是正确的。

作者是一位彻头彻尾的草根：出生于一个小城市，父亲是消防员，母亲是教师。但他还是在华尔街闯出了一番天地。作者喜欢研究成功企业家为什么成功，我们不妨也在这里研究一下成功的对冲基金经理为什么会成功。

首先，作者是个非常勤奋的人。从少年时练习冰球开始，他便相信“早起的鸟儿有虫吃”的道理并将早起坚持一生。在他的整个职业生涯中，起床时间几乎没有晚于5点半的，在后期甚至4点多就起床了，如果在西部，更是要提早到2点半。作者每天披星戴月，第一个走进办公室，开始工作，一直到很晚才下班，到了家里基本上就该睡觉了，可见他的生活除了睡觉就是工作。他有一个法宝：日记本。他每天都在日记本上记录各种数据、消息和自己的评价。从对冲基金业退出之后，作者将日记写成了晨间观望。早起加日记不辍便是他的成功奥秘。

其次，他能够坚持自我。根据作者的研究，成功的企业家之所以成功，是因为他们能够做到“走自己的路，让别人说去吧”。作者将此作为自己的信条并一直身体力行。在书中我们可以看到他是如何不被周围环境所动摇，坚持认定自己的观点的。值得一提的是，他之所以能形成正确的观点，乃是因为长年坚持记笔记和分析而形成的一种洞察力。可见是勤奋与坚持一起成就了作者。

再次，他还有一点小运气。俗话说，成功有三要素：仙人指路，贵人相助，小人监督。对于作者来说，仙人是没有碰到，贵人和小人倒有不少。作者进入华尔街纯属偶然，是校友给了他一次实习机会。能从卖方跳到买方也是偶然,是一位客户给他的机会。那位客户不但把他拉入了买方，还对他悉心指点提拔，使他真正成为一名对冲基金经理。但作者在成长和职业生涯中也受到过多次暗算。年少时在冰球队被莫名交易，做分析师时被公司管理层炒鱿鱼。但是作者并没有被这些挫折击倒，反而愈挫愈勇，将每一次挫折都变成了自己进步的台阶。

总而言之，作者是完全依靠自己，一步一步获得成功的。在职业生涯中，他迷茫过，沮丧过，郁闷过，但最后都挺了过来。每一次摔倒，作者都能从中吸取教训，顽强地站起来继续前进。任何人，不管他是不是从事对冲基金业，都能从作者的经历中吸取经验。只要像作者那样勤奋、顽强，就一定能获得成功。天道酬勤，是放之四海而皆准的真理。

最后，在本书的翻译过程中，感谢以下朋友的帮助：程亮、曹玉兰、李敏、时红云、张苏、张慧、肖一石、程玉鹏、高明霞、樊蓉蓉。

一切为了您的阅读价值

★ 您知道自己为阅读付出的最大成本是什么吗？

★ 您是否常常在读过一本书后，才发现不是自己要看的那一本？

★ 您是否常常发现很多书都是一时冲动买下，至今一字未读？

★ 您是否常常感慨书的价格太贵，两百多页，值四十多元钱吗？

阅读的最大成本

读者在选购图书的时候，往往把成本支出的焦点放在书价上，其实不然。

时间才是读者付出的最大阅读成本。

阅读的时间成本=选择花费的时间+阅读花费的时间+误读浪费的时间

选择合适的图书类别

目前市场上的**图书来源**可以分为**两大类，五小类：**

1. 引进图书：引进图书来源于国外出版公司，多从其他语种翻译成中文出版，反映国际发展现状，但与中国的实际结合较弱，其中包括三小类：

a）教科书：理论性较强，体系完整，但多为学科的基础知识，适合初入门的、需要系统了解一门学问的读者。

b）专业书：理论性、专业性均较强，需要读者拥有比较深厚的专业背景，阅读的目的是加深对一门学问的理解和认识。

c）大众书：理论性、专业性均不强，但普及性较强，贴近现实，实用可操作，适合一门学问的普通爱好者或实际操作者。

2. 本土图书：本土图书来源于中国的作者，反映中国的发展现状，与中国的实际结合较强，但国际视野和领先性与引进版相比较弱，其中包括两小类，可通过封面的作者署名来辨别：

a）"著"作：大多为作者亲笔写就，请读者认真阅读"作者简介"，并上网查询、验证其真实程度，一旦发现优秀的适合自己的作者，可以在今后的阅读生活中，多加留意并了解。

b）"编著"图书：汇编了大量图书中的内容，拼凑的痕迹较明显，建议读者仔细分辨，谨慎购买。

阅读的收益

阅读图书最大的收益，来自于获取知识后，**应用于**自己的**工作和生活**，获得品质的**改善和提升**，油然而生无限的**满足感**。

我们出版的所有图书，封底和书脊都有“湛庐文化”的标志

并归于两个品牌

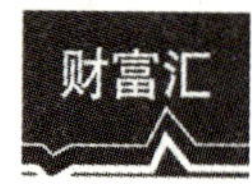

找“小红帽”

为了便于读者在浩如烟海的书架陈列中清楚地找到我们，我们在每本图书的书脊上部47mm处，全部用红色标记，称之为——小红帽。同时，“小红帽”上标注“湛庐文化”字样，小红帽下方标注所属图书品牌名称。

湛庐文化主力打造两个品牌：**财富汇**，致力于为商界人士提供国内外优秀的经济管理类图书；**心视界**，旨在通过心理学大师、心灵导师的专业指导为读者提供改善生活和心境的通路。

用轻型纸

您现在正在阅读的这本书所使用的是轻型纸，有白度低、质感好、韧性好、油墨吸收度高等特点，价格比一般的纸更贵。

关注阅读体验

我们目前所使用的字体、字号和行距，是在经过大量调查研究的基础上确定的，符合读者阅读感受。每页设计的字数可以在阅读疲劳周期的低谷到来之前，使读者稍作停顿，减轻读者的阅读疲劳，舒适的阅读感觉油然而生。

所有的一切都为了给您更好的阅读体验，代表着我们“十年磨一剑”的专注精神。我们希望湛庐能够成为您事业与生活中的伙伴，帮助您成就事业，拥有更为美好的生活。

湛庐文化2008-2011年获奖书目

《牛奶可乐经济学》

国家图书馆“第四届文津奖”十本获奖图书之一，唯一获奖的商业类图书。

搜狐、《第一财经日报》2008年十本最佳商业图书。

用经济学的眼光看待生活和工作，体验作为“经济学家”的美妙之处。

《大而不倒》

《金融时报》·高盛2010年度最佳商业图书入选作品。

美国《外交政策》杂志评选的全球思想家正在阅读的20本书之一。

蓝狮子·新浪2010年度十大最佳商业图书，《智囊悦读》2010年度十大最具价值经管图书。

一部金融界的《2012》，一部丹·布朗式的鸿篇巨制。

《金融之王》

《金融时报》·高盛2010年度最佳商业图书。

蓝狮子2011年度十大最佳商业图书，《第一财经日报》2011年度十大金融投资书籍。

权威透视国际金融界大佬在大萧条中的群像著作。

一部优美的人物传记，一部独特视角的经济金融史。

《富可敌国》

蓝狮子·《第一财经日报》2011年度最佳金融商业图书。

《第一财经日报》2011年度十大金融投资书籍。

源自300个小时的真实访谈，一部权威的对冲基金史。

《认知盈余》

2011年度和讯华文财经图书大奖。

看“互联网革命最伟大的思考者”克莱·舍基如何开启无组织的时间力量。

看自由时间如何成就“有闲”世界，如何引领“有闲”经济与“有闲”商业的未来。

《微力无边》

2011年度和讯华文财经图书大奖“最佳装帧设计奖”。

中国最早的社会化媒体营销研究者杜子建首部作品。

一部微博前传，半部营销后传。

《神话的力量》

《心理月刊》2011年度最佳图书奖。

在诸神与英雄的世界中发现自我，当代神话学大师约瑟夫·坎贝尔毕生精髓之作。

《facebook效应》

《金融时报》·高盛2010年度最佳商业图书入选作品。

蓝狮子·新浪2010年度十大最佳商业图书，《新智囊》2011年度最具价值十大经管图书。

首度公开facebook非凡创业的26个细节，马克·扎克伯格及40多位核心高管倾情讲述。

《真实的幸福》

《职场》2010年度最具阅读价值的10本职场书籍。

积极心理学之父马丁·塞利格曼扛鼎之作，哈佛最吸引人、最受欢迎的幸福课。

《绕着大毛球飞行》

蓝狮子·《职场》2011年度最佳职场图书。

畅销13年的职场创意手册，贺曼贺卡公司创意总监倾情之作。

延伸阅读

《资本之王》

◎ 全球私募之王黑石集团成长史。

◎ 唯一一部透视黑石集团运作内幕的权威巨作。

◎ 首度展现黑石创始人史蒂夫·施瓦茨曼叱咤风云的私募传奇。

《黑石的起点，我的顶点》

◎ 黑石创始人彼得·彼得森第一部著作。

◎ 国务院发展研究中心金融研究所副所长巴曙松，民生证券副总裁、首席经济学家滕泰，伯克希尔哈撒韦董事长巴菲特共同推荐。

《大而不倒》

◎ 2010 年最厚重、最值得期待的金融巨制。

◎ 全球政要和首席执行官争相阅读的危机启示录。

◎ 一部金融界的《2012》，一部丹·布朗式的鸿篇巨制。

◎ 长踞亚马逊畅销书排行榜榜首。

《金融之王》

◎ 2010 年普利策历史奖得主，《金融时报》·高盛最佳商业图书，《纽约时报》年度畅销书。

◎ 一部介绍国际金融界大佬在大萧条中群像的著作。

◎ 一部视角独特的经济金融史，一部情节引人入胜的优美传记。

《富可敌国》

◎ 2010 年《金融时报》·高盛“最佳商业图书”入围作品。

◎ 源自 300 小时的真实访谈和无数业内第一手资料的真实呈现。

◎ 一部权威的对冲基金史，顶级对冲基金大亨们的传奇人生。

《对冲基金的未来》

◎ 对冲基金究竟是天使还是魔鬼?

◎ 对冲基金只为机构投资者和超级富豪服务吗？

◎ 引入对冲基金，对中国金融业和投资者意义何在?

◎ 一部全面解析对冲基金真实世界的著作。

Diary of a Hedge Fund Manager: From the Top, to the Bottom, and Back Again by Keith McCullough and Rich Blake
ISBN 978-0-470-52972-0

图书在版编目（CIP）数据

一个对冲基金经理的日记 /（美）麦卡洛，（美）布莱克著；施铁译．—北京：中国人民大学出版社，2012

ISBN 978-7-300-15433-6

Ⅰ.①一…　Ⅱ.①麦…②布…③施…　Ⅲ.①对冲基金－投资－基本知识　Ⅳ.①F830.59

中国版本图书馆 CIP 数据核字（2012）第 053016 号

一个对冲基金经理的日记

［美］基思・麦卡洛　里奇・布莱克　著

施铁　译

Yige Duichongjijin Jingli de Riji

出版发行	中国人民大学出版社		
社　　址	北京中关村大街31号	**邮政编码**	100080
电　　话	010-62511242（总编室）		010-62511398（质管部）
	010-82501766（邮购部）		010-62514148（门市部）
	010-62515195（发行公司）		010-62515275（盗版举报）
网　　址	http:// www. crup. com. cn		
	http:// www. ttrnet. com（人大教研网）		
经　　销	新华书店		
印　　刷	北京中印联印务有限公司		
规　　格	170 mm × 230 mm　16开本	**版　　次**	2012 年 7 月第 1 版
印　　张	16　插页 2	**印　　次**	2012 年 7 月第 1 次印刷
字　　数	163 000	**定　　价**	49.90 元

湛（zhàn）**庐**（lú）

铸剑大师欧冶子『十年磨一剑』，炼就了『天下第一剑』湛庐剑。

——《吴越春秋》记载